Melinda & Robert
Schoutens

FRISCHLUFT-ABENTEUER SCHWEIZ

Frischluftabenteuer Schweiz
32 Inspirationen für unvergessliche Tage
Melinda & Robert Schoutens

Texte und Fotos: Melinda & Robert Schoutens
Layout und Covergestaltung: Jagna Pilczuk
Übersetzung aus dem Englischen: Jonas D. Gut
Lektorat: Myriam Sauter
Korrektorat: Johanna Kling

ISBN: 978-3-03964-050-8

1. Auflage: April 2024
Hinterlegung eines Pflichtexemplars in der Schweiz: April 2024
Gedruckt in der Tschechischen Republik

Mittlere Straße 4
CH-4056 Basel

helvetiq.com

Melinda & Robert Schoutens

FRISCHLUFT-ABENTEUER SCHWEIZ

32 Inspirationen
für unvergessliche Tage

An unsere Kinder,

das Leben mit euch beiden ist ein wunderschönes Abenteuer. Wir hoffen, dass ihr auf eurer weiteren Reise versteht und schätzt, dass:

innige Liebe das Leben lebenswert macht;

sich die grössten Geschenke des Lebens in den einfachsten Freuden offenbaren;

ihr freundlich zu allem und jedem sein sollt. Denkt daran, dass wir alle innerlich ein wenig zerbrochen sind;

ihr die Momente, die euch mit Bewunderung füllen, geniesst und nach solchen Momenten sucht;

Gesundheit unentbehrlich für eine hohe Lebensqualität ist. Gewöhnt euch eine Routine an, die eure Gesundheit fördert;

ihr für die Dinge einsteht, an die ihr glaubt, egal was andere davon halten.

Danke, dass ihr euch für uns entschieden habt,
Mom und Dad

“

Die Natur ist auf- und anregend; die grösste Quelle von Schönheit und von Dingen, die das Leben lebenswert machen

”

SIR DAVID ATTENBOROUGH
NATURFORSCHER UND SCHRIFTSTELLER

Wie immer versuchen wir mit den Worten, die wir schreiben und den Ausflügen, die wir vorstellen, etwas zu bewirken. Wir bleiben all den Organisationen verbunden, die sich unermüdlich für den Schutz und den Erhalt unseres Planeten einsetzen. Wir danken Ihnen dafür, dass Sie uns auf diesen Abenteuern begleiten. Lassen Sie uns zusammen danach streben, unser einzigartiges Zuhause zu beschützen.

Inhalt

Basel
Zürich
Bern
Genf
01
02
03
04
05
06
07
08
09
10
11
12
13
14
15
16
17
18
19
20
21
22
23
24
25
26
27

Übersichtskarte

Verschiedene Kantone:

KAPITEL I

DER DRANG NACH ABENTEUER

“

Du kannst deine Augen öffnen, indem du dich fragst: Was, wenn ich das noch nie gesehen hätte? Was wäre, wenn ich wüsste, dass ich es nie wieder sehen würde?'

”

RACHEL CARSON
SCHRIFTSTELLERIN, MEERESBIOLOGIN UND NATURSCHÜTZERIN

Mit diesem Buch ermutigen wir Sie, die Schweiz auf eigenen Fast zu erkunden. Erleben Sie die Seite der Schweiz, die es Ihnen möglich macht, die Berge, Flüsse, Gletscher, Bäume und Wiesen zu entdecken und Momente zu geniessen, die dieses Land zu einem riesigen Spielplatz machen. Folgen Sie uns auf jede einzelne Aktivität und machen Sie die Natur zu ihrer Kulisse; unserer Meinung nach ist das der beste Ort für ein Abenteuer.

In den letzten fünf Jahren haben wir uns für unsere Bücher mit verschiedensten Aktivitäten an der frischen Luft auseinandergesetzt: Von Wanderungen für die ganze Familie über Wanderungen zu aussergewöhnliche Schweizer Berghütten bis hin zu Wintererlebnissen in der ganzen Schweiz. Nun schien es an der Zeit, Aktivitäten vorzustellen, die wahre Abenteuerlust verkörpern. Das perfekte Abenteuer heraufzubeschwören kann jedoch ganz schön zeitintensiv und aufwendig sein! Wir helfen Ihnen, indem wir in diesem Buch eine Auswahl an tollen Aktivitäten für Menschen aller Alter und Fähigkeiten auflisten.

Das Wort »Abenteuer« kann in allen etwas anderes hervorrufen und wird sehr oft für alles Mögliche gebraucht. Für uns bedeutet Abenteuer aber Folgendes: Aus dem Alltag ausbrechen, neue Dinge ausprobieren und sich – mit den angemessenen Sicherheitsvorkehrungen – aus seiner Komfortzone wagen. In diesem Buch werden neben offensichtlichen Abenteuern wie Paragliding oder Gletscherwanderungen auch Abenteuer vorgestellt, die in die Kategorie des kulturellen Erlebnisses fallen. Diese Abenteuer lassen uns eine Zeitreise antreten oder geben eine tief verwurzelte Schweizer Tradition wieder. Auch jedes einzelne davon ist seine Zeit wert.

Nachdem wir unsere Recherche abgeschlossen und an allen Abenteuern, die in diesem Buch aufgeführt sind, teilgenommen hatten, geschah etwas Unglaubliches: Wir verspürten ein Gefühl wilder Ungezwungenheit und Freiheit. Als Erwachsene legten wir die Starre unseres Alltags ab und kehrten zur Begeisterung zurück, die einst unsere Jugend ausmachte. Dieses Buch schrieben wir für Menschen in jedem Alter, im Wissen, dass erwachsene Leser vielleicht sogar noch mehr davon profitieren als junge Nutzer. Wenn Sie sich während des Durchblätterns dabei ertappen, nach draussen gehen zu wollen, sind Sie nicht allein!

Es ist Zeit, dass Sie sich auf Ihr eigenes Abenteuer machen und Ihr Herz lauter schlagen lassen! Mae West, eine amerikanische Schauspielerin und Sängerin, sagte einmal: »Du lebst nur einmal, aber wenn du es richtig machst, ist einmal genug!« Da können wir ihr nur zustimmen!

Melinda & Robert

KAPITEL II

DAS ABENTEUER RUFT

“

Das Ziel eines Abenteuers ist es, eine spirituelle oder emotionale Einsicht zu gewinnen. Ein Kompromiss beim Abenteuer bedeutet auch einen Kompromiss beim Gewinn.

”

YVON CHOUINARD
NATURSCHÜTZER UND GRÜNDER VON PATAGONIA INC.

Die Schweiz bietet eine Vielzahl an Abenteuern in der freien Natur sowie an kulturellen Ereignissen. Wir haben eine Auswahl ganz unterschiedlicher Aktivitäten mit jeweils zusätzlichen Optionen zusammengetragen; wenn Ihnen eine bestimmte Aktivität besonders gut gefällt, verweisen wir Sie gerne auf die Orte, wo Sie dasselbe Abenteuer ebenfalls erleben können.

Wenn es um Abenteuer geht, empfehlen wir, dass Sie offen für neue Ideen sind, aufgeschlossen bleiben und ab und zu auch ein wenig Mut zeigen!

Was ist überhaupt ein Abenteuer?

Fragen Sie zehn Leute, was das Wort »Abenteuer« für sie bedeutet, und Sie kriegen bestimmt zehn verschiedene Definitionen. Für dieses Buch haben wir uns von folgenden Kriterien leiten lassen.

Abenteuer:

- **schenken uns Freude und machen Lust auf mehr;**
- **geben unserem Alltag eine gewisse Würze;**
- **lassen uns uns lebendig fühlen und helfen uns vielleicht dabei, Bekanntes aus einer neuen Perspektive zu betrachten;**
- **geschehen oft dann, wenn nichts so läuft wie geplant: ein verpasster Zug, ein platter Reifen, eine falsche Abzweigung oder unvorhergesehenes Wetter;**
- **passieren, wenn wir es am wenigsten erwarten;**
- **erfordern nicht, dass wir Profis sind, sondern nur, dass wir offen dafür sind, neue Sachen auszuprobieren.**

Nicht alle der in diesem Buch vorgestellten Aktivitäten passen in die klassische Abenteuer-Kategorie. Unser Ziel war es, Ihnen eine grosse Auswahl an Aktivitäten anzubieten, also haben wir auch einige kulturelle Erlebnisse aufgeführt. Einige der beschriebenen Aktivitäten benötigen Konzentration, ein gewisses Level an Fitness, Mut und Aufgeschlossenheit; andere bieten wiederum Alternativen, etwa in Form einer Zuschauerveranstaltung. Diese Anlässe bieten eine einzigartige Perspektive und die Möglichkeit, sich der Schweiz emotional anzunähern.

Wir sind uns darüber im Klaren, dass wir in einer Zeit der extremen Abenteuer leben, in der oftmals Gefahr und Risiko eine grosse Rolle spielen. Falls Sie ein Adrenalinjunkie und beim Fallschirmspringen, Erklimmen von 4000-Meter-Gipfeln oder Aufstellen eines Geschwindigkeitsrekords beim Besteigen des Eigers oder ähnlich waghalsigen Hobbies aufblühen, ist dieses Buch nicht für Sie! Nichts davon ist hier aufgelistet.

Die sichere Vorbereitung auf ein Abenteuer

Dem Erkunden der Natur wohnen stets Risiken inne. Das ist einfach so. Wer an Aktivitäten an der frischen Luft teilnimmt, sollte sich fit und gesund fühlen. Als Eltern sind Sie ausserdem für die Sicherheit Ihrer Kinder zuständig und sollten wissen, wo ihre Grenzen liegen.

Der beste Weg, sich auf einen Tag an der frischen Luft vorzubereiten, ist es, offen für neue Ideen zu sein. Besprechen Sie das anstehende Abenteuer in der Gruppe, um abzuschätzen, wie wohl sich alle Beteiligten mit den Plänen fühlen. Wenn die Gruppe spontan und offen für Überraschungen ist, lassen Sie sich vom Augenblick leiten!

Wenn Sie sich für ein Abenteuer ohne Guide entscheiden (was wir nicht für alle Aktivitäten in diesem Buch empfehlen), stellen Sie sicher, dass Sie: die richtige Ausrüstung haben; alle potenziellen Risiken verstehen; sich über die Wetterlage auf dem Laufenden halten und Webcams prüfen. Stellen Sie sicher, dass das Gebiet oder die Route begehbar und sicher ist. Begehen Sie nie eine geschlossene Route: Sie ist aus gutem Grund geschlossen.

Seien Sie in den Bergen und den Voralpen besonders vorsichtig. Es ist wichtig, ein gewisses Gespür für den Ort und die Fertigkeiten, die für das bestimmte Abenteuer benötigt werden, zu haben. Es ist empfehlenswert, mit Ortsansässigen oder Experten in Kontakt zu treten und sich vorab über allfällige Steinschläge, Lawinen, Hochwasser und/oder wechselhaftes Wetter zu informieren.

Zum Schluss ist es für alle Abenteuer unabdingbar zu wissen, wann man seine Grenzen erreicht hat und lieber umkehren sollte. Eine Gefahr einzugehen ist töricht und kann zu Verletzungen führen. Für Menschen, die dieses Buch lesen und an Aktivitäten und Exkursionen teilnehmen, übernehmen wir keine Verantwortung: Sie abenteuern auf eigene Gefahr!

Die Wegweiser

Gelb: Wanderwege

Die gelb beschilderten Wanderwege bilden 63 % aller Wanderungen in der Schweiz.

Sie sind einfach zu navigieren, in der Regel breit und benötigen wenig Können und Ausrüstung.

Weiss-rot-weiss: Bergwanderwege

Bergwanderwege bilden 36 % aller Wanderwege in der Schweiz.

Sie können steil, schmal und eng sein sowie abrupt abfallen oder an scharfen Kanten vorbeiführen. Auf einigen Wegen bieten Handläufe und/oder Ketten zusätzlichen Halt.

Weiss-blau-weiss: Alpinwanderwege

Bloss 1 % aller Wanderwege in der Schweiz sind Alpinwaderwege.

Weiss-blau-weisse Wanderwege sollten den Experten überlassen werden. Diese Wege verlangen sehr gute körperliche Fähigkeiten, die meiste Ausrüstung (Seil, Eisaxt, Kompass und Steigeisen) sowie Wissen über die alpine Umgebung.

Schliessung und Änderung von Wegen und Unterkünften

Es ist durchaus möglich, dass einige der in diesem Buch erwähnten Wege und Freizeiteinrichtungen aufgrund von Instandhaltungsarbeiten zeitweilig nicht nutzbar sind oder sich aufgrund von Wetterverhältnissen oder im Laufe der Zeit verändern können. Um herauszufinden, ob die Route, die Sie ausgewählt haben, geöffnet und sicher begehbar ist, verweisen wir Sie auf die Liste der nützlichen Quellen (S. 22). Übernachtungsmöglichkeiten könnten möglicherweise aufgrund von Renovationen, Inhaberwechsel oder anderen Gründen ebenfalls geschlossen sein. Kontaktieren Sie die Unterkunft stets einige Tage vor der geplanten Übernachtung, um sicherzugehen, dass sie geöffnet ist und um Ihre Reservation zu bestätigen.

Korrekte Informationen

Wir haben unser Bestes getan, in diesem Buch korrekte Informationen anzugeben. Sollte dies einmal nicht der Fall sein, bitten wir um Entschuldigung und würden uns freuen, wenn Sie uns schreiben (**info@helvetiq.ch**).

Ich packe in meinen Rucksack …

Für Abenteuer ist es immer empfehlenswert, angemessene Outdoorkleidung und robustes Schuhwerk zu tragen sowie weitere Kleider einzupacken, um für Wetterumschwünge gewappnet zu sein. Natürlich passen Sie die Kleidung bei Abenteuer zu Wasser, Velofahren oder bei den Abenteuern, die weniger Bewegung voraussetzen, am besten an.

Falls Sie für eine Aktivität spezielles Material benötigen, wird dies stets in der jeweiligen Beschreibung erwähnt. Es lohnt sich immer, einen Rucksack mit allem Wesentlichen dabeizuhaben; auch wenn nicht bei allen vorgestellten Aktivitäten ein Rucksack benötigt wird.

Rucksack-Checkliste:

- ○ Wasser für die ganze Reise
- ○ Proviant und Snacks
- ○ Sonnenschutz: Sonnenbrille und Sonnencreme
- ○ Kopfbedeckung (um sich warm zu halten oder sich vor der Sonne zu schützen)
- ○ Alte Plastiktüte oder Kaffeepackung (um den Abfall einzupacken, falls kein Abfalleimer vor Ort vorhanden ist)
- ○ Feuchttücher
- ○ Sackmesser
- ○ Zusätzliche Kleidung (Fleece-/Regenjacke/Regenhose)
- ○ Mobiltelefon/Kamera/Powerbank
- ○ Portemonnaie
- ○ Halbtax und/oder Junior-Karte, wenn Sie mit Kindern reisen
- ○ Rega-Mitgliederausweis
- ○ Erste-Hilfe-Set
- ○ Schweizer Notfallnummern
  - **Sanität: 144**
  - **Feuerwehr: 118**
  - **Polizei: 117**
  - **Toxcenter (Vergiftung): 145**
  - **Rega: 1414**

Die verschiedenen Arten von Abenteuer

Jedes vorgestellte Abenteuer wird durch ein Piktogramm symbolisiert. Dieses stellt die Art des Abenteuers dar. Die Symbole stehen für Wanderungen, Velotouren, Campieren, Klettern, Golfen, Geocaching, unterirdische Aktivitäten, Gletscher, Wildwasser-Rafting, Stand-up-Paddleboarding, Paragliding, Wasserfälle, Reiseziel/Ort, Rodeln, Hängebrücken, Übernachtung etc..

Preis*

Der ungefähre Preis jedes Abenteuers wird im jeweiligen Überblick mithilfe eines Piktogramms aufgeführt.

Eine Münze (günstig): gratis bis CHF 25 pro Person

Zwei Münzen (mittel): ab CHF 26–75 pro Person

Drei Münzen (teuer): mehr als CHF 76 pro Person

**Preise können sich ändern. In den angegebenen Preiskategorien ist der Preis von An- und Rückfahrt mit dem öffentlichen Verkehr nicht enthalten.*

Alter

In den vorgestellten Abenteuern wird jeweils das Mindestalter angegeben, für den Fall, dass Sie mit Kindern unterwegs sind. In einigen Fällen hängen die benötigten Fertigkeiten für eine Aktivität nicht mit dem Alter zusammen. Als Eltern oder erziehungsberechtigte Person sind Sie dafür verantwortlich, das Können Ihres Kindes einzuschätzen.

Schwierigkeitsgrad

Als Menschen fühlen wir uns in verschiedenen Situationen alle unterschiedlich wohl, was sich auf unser Interesse für eine Aktivität auswirkt. Wenn man in einer Gruppe oder als Familie unterwegs ist, kann es vorkommen, dass man sich nicht einig ist, was das perfekte Abenteuer ausmacht. Um dem entgegenzuwirken, bieten wir in diesem Buch eine möglichst ausgeglichene Auswahl an Aktivitäten an.

Grün (Einfach)

Beginnen Sie mit diesen Abenteuern, um Ihr persönliches Risikoprofil zu bestimmen. Aber das ist kein Grund zur Eile, es ist kein Wettrennen. Grüne Abenteuer setzen meistens wenig Bewegung voraus und stellen manchmal auch Ausweichmöglichkeiten zur Auswahl. In dieser Kategorie befinden sich etwa kulturelle Anlässe und leichtere Outdoor-Aktivitäten: Discgolf oder eine Zuschauerveranstaltung, wie etwa der Alpabzug, benötigen beide nicht speziell viel Mut.

Gelb (Mittel)

Nun ist es an der Zeit, den Einsatz ein wenig zu erhöhen! Diese Abenteuer sind ideal für die, die ein bisschen Risiko mögen und bereit dazu sind, ein wenig aus ihrer Komfortzone herauszukommen. Gelbe Abenteuer umfassen Aktivitäten wie Wildwasser-Rafting, Stand-up-Paddeling oder das Überqueren einer Hängebrücke.

Rot (Schwer)

Jetzt geht es richtig los! Machen Sie sich bereit für eine echte Herausforderung, bei der feuchte Hände und Herzklopfen garantiert sind. Rote Aktivitäten beinhalten Seilparks, Klettern, grosse Höhen und Geschwindigkeiten sowie andere risikoreiche Komponenten. Paragliding, Gletscherwanderungen und Vie Ferrate sind Teil dieser Kategorie!

Nützliche Quellen

Touristeninformation

Die meisten lokalen Touristeninformationen und Webseiten informieren über die Begehbarkeit und die Sicherheit von Wanderwegen für Sommer- und Winteraktivitäten. Ausserdem stellen sie zusätzliche Informationen über die Region zur Verfügung.

Karten

Konsultieren Sie diese Webseite, bevor Sie Ihr Zuhause verlassen, um herauszufinden, ob Ihre Route geschlossen ist. Klicken Sie auf »Dargestellte Karten« und danach auf »Sperrungen Wanderwege« (map.geo.admin.ch).

Schweizer Wanderwege

Diese Webseite bietet eine Fülle an nützlichen Informationen, darunter ausführliche Hinweise zur Signalisierung, Wanderungen, Schneeschuhrouten und vieles mehr (schweizer-wanderwege.ch).

SwitzerlandMobility App

Diese kostenlose App bietet detaillierte Karten der Schweiz mit über 65 000 km an Wanderrouten. Auch Angaben zu Winter- und Sommeraktivitäten, ÖV-Haltestellen, Sehenswürdigkeiten, ein Kompass und GPS sind abrufbar (schweizmobil.ch).

Swisstopo App

Diese ebenfalls kostenlose App bietet detailliertes Kartenmaterial der gesamten Schweiz. Mit der App können Sie die Routen aufzeichnen, die Sie beim Wandern, Radfahren, beim Wintersport oder anderen Aktivitäten zurückgelegt haben. Besonders praktisch ist die Option, eine eigene Route auszuarbeiten: Sie wählen einzelne Orte aus, die von der App dann entsprechend dem Wanderwegenetz verbunden werden (swisstopo.ch).

Swissrent App

Der Download dieser App ist ebenfalls zu empfehlen. Sie erlaubt es Ihnen, unkompliziert Outdoorausrüstung wie etwa Sicherheitsausstattung und Wander-, Velo-, Ski- und Kletterkleidung zu mieten (swissrentapp.com).

SBB Mobile App

Billette kaufen, Fahrpläne studieren, Gleisänderungen überprüfen und vieles mehr, alles in einer benutzerfreundlichen und kostenlosen App (sbb.ch).

Rega App

Die Rega ist ein Schweizer Flugrettungsdienst für Notfälle und Hilfe in den Bergen. Die App ist gratis und kann innerhalb und in der Nähe der Schweiz benutzt werden. Falls Sie noch kein Mitglied der Rega sind, empfehlen wir es Ihnen wärmstens, dieser tollen Organisation beizutreten. Übrigens wird die Rega lediglich durch die jährlichen, ziemlich tiefen Mitgliederbeiträge finanziert (rega.ch).

MeteoSwiss App

Hier finden Sie Informationen zum Wetter in der Schweiz inklusive einer 24-Stunden-Vorhersage (meteoschweiz.admin.ch).

Alertswiss App

Diese App informiert Sie sofort über Unfälle und Gefahren in der Schweiz. Im Falle eines Notfalls in der Schweiz lohnt es sich, diese kostenlose und hilfreiche App zu haben (alert.swiss).

EchoSOS App

Eine App für den Notfall, die auf der ganzen Welt funktioniert. Sie bietet eine Notruffunktion, lokale Notfallnummern und Informationen über Spitäler und Notfallstationen in der Umgebung (echosos.com).

KAPITEL III

LASST DIE ABENTEUER UND ERLEBNISSE BEGINNEN

“

Der am schwierigsten zu erklimmende Gipfel liegt in unserem Inneren.

”

JIMMY CHIN
SCHRIFTSTELLER, FILMEMACHER, FOTOGRAF, SKIFAHRER UND BERGSTEIGER

Augusta Raurica – Ein Einblick in das Römische Reich

KANTON:
Basel-Landschaft

ORT:
August

START- UND ENDPUNKT:
Langgass

2+
STUNDEN

EINFACH

Beste Zeit im Jahr:
AUGUST

ALTER:
4+

AUSRÜSTUNG:
Feste Schuhe, Sonnenschutz

Überblick:

Während fast sechs Jahrhunderten besetzten die Römer Teile der Schweiz. Überbleibsel dieses Abschnitts Schweizer Geschichte können auch noch heute bewundert werden. Im heutigen Dorf Augst im Kanton Basel-Landschaft finden sich die Ruinen von Augusta Raurica, der ältesten bekannten römischen Siedlung am Rhein. Die Umgebung ist eine wichtige Touristenattraktion und wird noch heute wissenschaftlich erforscht.

Nehmen Sie den Bus zur Station Augst BL, Langgass und gehen Sie von dort die Giebenacherstrasse hinauf nach Augusta Raurica. Alterntiv können Sie den Zug nach Kaiseraugst oder nach Pratteln Salina Raurica nutzen, von da geht man noch ca. 1–1.5 km zu Fuss. Am besten kommen Sie mit dem öffentlichen Verkehr, da es vor Ort nur begrenzte Parkmöglichkeiten gibt.

In Augusta Raurica finden Sie ein umwerfendes Amphitheater, ein Römerhaus und ein Museum. Es gibt einen Tierpark und einen grossartigen Themenpfad. Als wären das nicht schon genügend Gründe für einen Besuch, wird alljährlich Ende August ein Römerfest veranstaltet. Dies sind Festspiele, die die Besucher der Römersiedlung bereits seit 25 Jahren in der Zeit zurückreisen lassen. Geschichtsinteressierte können sich speziell auf die Gladiatorenkämpfe, Wagenrennen, Märkte und viele andere Aktivitäten für Menschen jeden Alters freuen. Die Kostüme der Darsteller und Schauspielerinnen sind wahre Kunstwerke und die Festspiele erwecken die römische Geschichte wieder zum Leben!

Während des Römerfests ist der Zugang nur mit einem Ticket möglich. Dieses Ticket beinhaltet eine Hin- und Rückfahrt mit dem TNW (Tarifverbund Nordwestschweiz). Verpflegung gibt es vor Ort zu kaufen und ein kostenloser Shuttlebus fährt vom Bahnhof in Kaiseraugst. Mehr Informationen finden Sie auf der Webseite von Augusta Raurica.

Tipps:

- **Das Areal von Augusta Raurica ist 365 Tage im Jahr geöffnet und immer einen Besuch wert. Das Römerfest ist jedoch besonders aufregend.**
- **Nehmen Sie am besten ein wenig Bargeld mit, da es in der Umgebung keinen Geldautomaten gibt.**
- **Der Themenpfad vor Ort ist mit dem Kinderwagen befahrbar und ideal für Familien.**
- **Seien Sie auf hohe Temperaturen mit Sonnenhut, Sonnencreme und genügend Wasser vorbereitet.**
- **Informieren Sie sich vorab über die Öffnungszeiten des Museums und des Tierparks.**
- **Es ist möglich, an den zur Verfügung gestellten Grillplätzen zu grillieren.**
- **Wenn Sie bereits in der Gegend sind, besuchen Sie doch auch die Ruinen unter der Kirche von St. Gallus in Augst; der Eingang liegt ein wenig versteckt am Rheinufer.**

Kontakt:

Augusta Raurica
Giebenacherstrasse 17
4302 Augst
+41 61 552 22 22
mail@augusta-raurica.ch
augustaraurica.ch

Weitere Optionen:

- **Museum Vindonissa, Brugg, AG**
  (vindonissamuseum.ch)
- **Kathedrale St. Peter, Genf, GE**
  (site-archeologique.ch)
- **Martigny, VS**
  (martigny.com)
- **Abtei Saint-Maurice, Saint-Maurice, VS**
  (abbaye-stmaurice.ch)
- **Aventicum, Avenches, VD**
  (avenches.ch)
- **Römisches Museum, Nyon, VD**
  (mrn.ch)
- **Musée Romain, Lausanne, VD**
  (lausanne.ch)

Ein Abenteuer in der Früh

KANTON:
Basel-Landschaft

ORT:
Belchenfluh

START- UND ENDPUNKT:
Langenbruck

2
STUNDEN

EINFACH

Beste Zeit im Jahr:
GANZJÄHRIG

ALTER:
JEDES ALTER

AUSRÜSTUNG:
Feste Schuhe

Überblick:

Ein Sonnenaufgang ist immer ein aussergewöhnliches Erlebnis. Egal wie alt man ist, dieses unglaubliche Farbenspiel ist stets faszinierend; es fühlt sich an, als würde die Welt gerade lange genug stillstehen, damit man die einfachsten und tiefgründigsten Aspekte des Lebens geniessen kann. Für dieses Sonnenaufgangsabenteuer sollten Sie früh aufstehen, sich der Jahreszeit entsprechend anziehen und warme Getränke und ein leckeres Frühstück einpacken.

Die Belchenfluh liegt zwischen Eptingen, Waldenburg und Langenbruck und direkt auf der Grenze zwischen den beiden Kantonen Basel-Landschaft und Solothurn. Die Gegend bietet eine beeindruckende Aussicht, während die Sonne allmählich über den Horizont zu gucken beginnt, werden in der Ferne die Alpen sichtbar.

Die Belchenfluh erreichen Sie mit dem Auto, da es in der Nähe keinen öffentlichen Verkehr gibt. Am Ausgangspunkt des Wanderweges gibt es dafür gleich zwei Parkplätze. Vom Ausgangspunkt des Wanderwegs folgen Sie der Schöntalstrasse/Bölchenstrasse (auf Google heisst die Strasse Belchenpass) und den Schildern nach Belchenfluh. Folgen Sie zuerst dem Pfad für etwa einen Kilometer bergaufwärts, für die letzten 200 m steigen Sie eine Treppe hoch. Auf dem Gipfel und dem Aussichtspunkt angekommen, suchen Sie sich den perfekten Platz, um die Magie zu bestaunen! Auf demselben Weg steigen Sie auch wieder zum Parkplatz hinunter.

Damit das Ganze noch mehr zu einem Abenteuer wird, könnten Sie etwa jedes neue Jahr mit einer Sonnenaufgangswanderung willkommen heissen! Oder sammeln Sie das ganze Jahr über Sonnenaufgangsmomente!

Tipps:

- **Der Gipfel ist einfach zu erreichen, was die Belchenfluh zum perfekten Ort für das Beobachten des Sonnenaufgangs macht. Halten Sie jedoch Ausschau nach steilen Abhängen um den Gipfel herum.**
- **Rüsten Sie sich mit Stirnlampen oder Taschenlampen aus, damit Sie sich besser im Dunkeln zurechtfinden können. Reflektoren zu tragen ist ebenfalls eine gute Idee.**
- **Sonnenaufgänge beobachtet man am besten bei gutem Wetter.**
- **Bitte beachten Sie, dass sowohl »Belchenfluh« als auch »Belchenflue« für denselben Ort verwendet werden.**

Kontakt:

Baselland Tourismus
Haus der Wirtschaft
Hardstrasse 1
4133 Pratteln
+41 61 927 6544
info@baselland-tourismus.ch
baselland-tourismus.ch

Weitere Optionen:

- **Übernachtung im Berggasthaus Schäfler, Schwende, AI**
- **Brienzer Rothorn, Brienz, BE:** An Sonntagen im Sommer fährt die Brienzer Rothornbahn früher als sonst.
- **Übernachtung im Berghotel Faulhorn, Grindelwald, BE** (siehe S. 57)
- **Übernachtung auf dem Pilatus oder der Rigi Kulm, LU**
- **Fronalpstock, Stoos, SZ:** Die Aussicht über die Seen sollte man nicht verpassen und gehört zu unseren Favoriten.
- **Eggishorn, VS:** Frühe Abfahrten jeden Freitag im Sommer. Geniessen Sie ein Frühstück nach dem Sonnenaufgang.
- **Riffelsee, VS:** Nehmen Sie die Gornergrat Bahn von Zermatt, um das Matterhorn im Sonnenaufgang zu bewundern.

blindekuh
mehr als ein restaurant
HALLE
7

Ein kulinarisches Erlebnis für (fast) alle Sinne

KANTON:
Basel-Stadt

ORT:
Basel

START- UND ENDPUNKT:
Tellplatz

2+
STUNDEN

EINFACH

Beste Zeit im Jahr:
GANZJÄHRIG

ALTER:
10+

AUSRÜSTUNG:
Wählen Sie Ihr Outfit weise!

Überblick:

Wenn Sie nach einem besonderen und aussergewöhnlichen Abendessen suchen, hat Ihre Suche nun ein Ende. Die Dunkelrestaurants blindekuh (es gibt ein weiteres in Zürich) sind ein Erlebnis für (fast) alle Sinne. Das Restaurant blindekuh ist mehr als bloss ein Restaurant. Es ist auch eine Stiftung, die es sich zum Ziel gemacht hat, sehende Menschen mit Menschen, die eine Sehbehinderung haben, zusammenzubringen, und bietet Menschen mit Sehbehinderungen sinnstiftende Arbeitsmöglichkeiten.

Von der Tramstation Tellplatz folgen Sie der Bruderholzstrasse bis zur Kreuzung mit der Dornacherstrasse. Der Eingang liegt etwa 50 m weiter entlang der Dornacherstrasse. Das Erlebnis beginnt, sobald Sie das Restaurant betreten. Alle Dinge, die Sie bei sich tragen, inklusive Armbanduhren, Mäntel und Handtaschen legen Sie in ein Schliessfach und warten vor einem schwarzen Vorhang, bis Sie zu Ihrem Platz geführt werden. Legen Sie Ihre Hand auf die Schulter einer Person des Servicepersonals und lassen Sie sich von ihr mit Leichtigkeit durch den vollkommen dunklen Speisesaal zu Ihrem Platz führen. Problemlos finden sich die Angestellten des Restaurants in der Finsternis zurecht und sie werden Ihnen dabei helfen sich wohlzufühlen. Sie werden Ihnen erklären, wo auf dem Tisch sich Ihr Besteck und Geschirr befinden. Ihre Bestellung wird aufgenommen, und der Abend fängt somit offiziell an.

Beim Essen werden Sie bemerken, dass Ihr Geruchssind und Ihr Gehör geschärft sind. Der Orientierungssinn dagegen kann etwas beeinträchtigt sein. Das Abendessen lehrt Sie, loszulassen, anderen zu vertrauen und sich in Menschen mit Sehbehinderung einzufühlen. Vielleicht ertappen Sie sich während des Essens sogar dabei, wie Sie sich an Ihre Sitznachbarin anlehnen oder das Bedürfnis verspüren, andere zu berühren. Dies ist ganz natürlich.

Die blindekuh ist nicht bloss ein Restaurant, sondern auch eine Bar und bietet einen Veranstaltungsraum für Gruppen.

Tipps:

- **Seien Sie unvoreingenommen und lassen Sie sich auf das Erlebnis ein.**
- **Ein Besuch in Die blindekuh ist eine multisensorische Erfahrung für Menschen aller Altersgruppen. Für manche mag es zunächst überwältigend sein. Auch wir brauchten eine Weile, um uns zu entspannen, aber sobald wir uns sicher fühlten, liessen wir uns vollkommen auf die Erfahrung ein.**
- **Wenn Sie Kinder mitnehmen möchten, teilen Sie ihnen die Erwartungen an den Abend im Voraus mit.**
- **Für Menschen mit Vertrauensproblemen oder Angst vor der Dunkelheit ist diese Erfahrung vielleicht nicht geeignet.**

Kontakt:

Blindekuh
Dornacherstrasse 192
4053 Basel
+41 61 336 33 00
blindekuh.ch

blindekuh

Weitere Optionen:

- **Dans le Noir?, Genf, GE**
  (geneve.danslenoir.com)
- **Blindekuh, Zurich, ZH**

Rheinschwimmen

KANTON:
Basel-Stadt

ORT:
Basel

STARTPUNKT:
Tinguely Museum

ENDPUNKT:
Kaserne

1
STUNDE

MITTEL

▶▶▶ Beste Zeit im Jahr:

JUNI–SEPTEMBER

ALTER:

Schwimmen vorausgesetzt

AUSRÜSTUNG:

Schwimmsachen, Schwimmsack, Wasserschuhe

Überblick:

Ob Sie in Basel wohnen oder der Stadt bloss im Sommer einen Besuch abstatten, Versäumen Sie nicht, im Rhein zu schwimmen. Dieser mächtige Fluss windet sich 1300 km von den Alpen bis in die Niederlande. In den wärmeren Monaten herrscht in dieser Stadt reges Treiben auf, im und um den Fluss. Denn der Rhein ist der ideale Ort zum Schwimmen, Grillieren oder einfach zum Entspannen.

Für ein erfrischendes Badeerlebnis packen Sie alle notwendigen Dinge in einen Schwimmsack und machen Sie sich auf den Weg zum Rheinufer beim Tinguely Museum. Von der Busstation Tinguely Museum überqueren Sie die Strasse zum Museum, gehen um das Gebäude herum und überqueren den Veloweg. Hier, direkt unter Ihnen, können Sie das Rheinschwimmen beginnen. Ab hier können Sie sich für die nächsten 3 km von der Strömung treiben lassen. So erleben Sie die Stadt aus einer ganz neuen Perspektive.

Falls Sie sich das Rheinschwimmen auf eigene Faust nicht zutrauen, können Sie sich mit einem ausgebildeten Rettungsschwimmer treiben lassen. Wenn Sie alleine im Rhein sind, halten Sie sich sicherheitshalber innerhalb des vorgesehenen Schwimmbereichs zwischen Ufer und Bojen auf. Halten Sie genügend Abstand zu Booten, Schiffen und Fähren auf dem Rhein. Schauen Sie stets flussabwärts und verlassen Sie das Wasser bei den dafür vorgesehenen Ausstiegsmöglichkeiten.

Ausstiegsmöglichkeiten gibt es zahlreiche. Sicherheitshalber müssen Sie den Rhein allerspätestens bei der vierten Fährstation vor der Dreirosenbrücke verlassen. Ansonsten lässt es sich bei der dritten Fährstation neben der Kaserne nach der Mittleren Brücke relativ gut aussteigen.

Sobald Sie wieder an Land sind, gönnen Sie sich eine kalte Dusche an einer der dafür vorgesehen Anlagen, ziehen Sie sich um und machen Sie sich auf zu einer der vielen Buvetten, die sich am Rheinufer aneinanderreihen. Stärken Sie sich mit einem erfrischenden Getränk oder einem Snack und sonnen Sie sich in der entspannenden Atmosphäre des Flussufers oder spazieren Sie mit einer Glacé in Hand den Rhein entlang. Besser gehts nicht!

Tipps:

- Wir empfehlen Ihnen diese Aktivität nur, wenn Sie sich in offenen Gewässern wohlfühlen und gut schwimmen können. Die Strömung des Rheins ist sehr stark. Vermeiden Sie es, alleine zu schwimmen.
- Rettungsschwimmer zur Begleitung stehen jeden Donnerstag im Juli um 17:45 Uhr am Ufer beim Tinguely Museum zur Verfügung. Voranmeldungen sind erforderlich (jfs.bs.ch).
- Tragen Sie Wasserschuhe, um ihre Füsse im Wasser vor Glasscherben und spitzen Steinen zu schützen.
- Schwimmsäcke können in verschiedenen Grössen gekauft oder im Touristenbüro in Basel gemietet werden.
- Schwimmsäcke sind keine Schwimmhilfen und schützen nicht vor dem Ertrinken.
- Packen Sie je einen kleinen und einen grösseren Plastiksack in Ihren Schwimmsack: Einen für Ihr Handy und den anderen für die nassen Badesachen und Ihr Badetuch.
- Ein offizielles Rheinschwimmen findet jährlich Mitte August statt.
- Das Rheinbad Basel ist ebenfalls ein guter Ort, um sich abzukühlen.

Kontakt:

rheinschwimmen.ch

Weitere Optionen:

- Reuss, Rottenschwil, AG
- Marzili, Bern, BE
- La Jonction, Genf, GE
- Jeunes-Rives Park, Neuenburg, NE
- Rhybadi, Schaffhausen, SH
- Verzasca River, Lavertezzo, TI

Abenteuer im Van

KANTON:
Bern

ORT:
Grimsel Pass

START- UND ENDPUNKT:
Innertkirchen

1+
NÄCHTE

MITTEL

Beste Zeit im Jahr:
JUNI–SEPTEMBER

ALTER:
18+

AUSRÜSTUNG:
Führerschein, tolle Musik

Überblick:

Das sogenannte »Vanlife«, also das Leben in einem Wohnmobil, -wagen oder Bus, ist in den letzten zehn Jahren sehr beliebt geworden. Das hier beschriebene Abenteuer bietet Ihnen einen kurzen Einblick in dieses Leben mit dem unglaublichen Freiheitsgefühl, das einen die Natur hautnah erleben lässt. Ein Roadtrip im Van ist perfekt für alle, die ein flexibles Camping-Abenteuer suchen.

Der Grimselpass ist das ideale Ziel für Campingausflüge. Der unberührte Alpenpass ist nicht nur wunderschön, sondern liegt auch in unmittelbarer Nähe zum Furka-, Gotthard- und Oberalppass. Auf dieser markierten Route haben Sie die Möglichkeit, die Region mit all ihren Facetten zu erkunden.

Beginnen Sie Ihre Reise von Innertkirchen. Der erste Halt ist die Gelmerbahn (Voranmeldung erforderlich; geöffnet von Juni bis Oktober). Lassen Sie sich von der 106-prozentigen Steigung auf den Berg begeistern. Oben angekommen, machen Sie sich bereit für eine etwa zweistündige Wanderung (knapp 5 km) rund um den eindrücklichen Gelmersee auf 1850 m ü. M. Nach der Rundwanderung (Weiss-Rot-Weiss-Bergwanderweg) nehmen Sie in die Standseilbahn, um zurück zum Van zu gelangen (achten Sie auf die Zeit der letzten Talfahrt).

Wieder auf festem Boden, überqueren Sie die Handeckfallbrücke für eine kurze und gut markierte Wanderung bis zum Hotel und Naturresort Handeck, wo Sie ein köstliches Essen geniessen können. Satt gehen Sie zurück über die Hängebrücke und machen sich auf den Weg zum Rhonegletscher, der aufgrund seiner Zugänglichkeit zu den am besten erforschten Gletschern der Region gehört. Nehmen Sie sich die Zeit für eine Tour. Für ein wenig Geld können Sie einen lockeren Spaziergang durch das Gebiet unternehmen. Es gibt mehrere Informationstafeln auf Deutsch und Englisch.

Ziehen Sie einen Besuch im Grimsel Hospiz in Betracht. Von diesem Hotel aus hat man einen schönen Blick auf die Staumauer Spitallamm, deren Bau 2019 begann und bis 2025 abgeschlossen sein soll. Für Interessierte ist eine Führung durch das KWO-Kraftwerk (Voranmeldung empfohlen) ein faszinierendes Erlebnis unter Tage. Stellen Sie sich auf kalte Temperaturen ein, während Sie mehr über Wasserkraft erfahren.

Wenn die Sonne beginnt unterzugehen, fahren Sie für die Übernachtung im Van zum Stellplatz Handeggli. Ihre Übernachtungsmöglichkeit befindet sich oben auf dem Hügel hinter dem Parkplatz der Gelmerbahn. Die Plätze sind begrenzt und zahlungspflichtig.

Orte wie der Grimselpass haben etwas Magisches. Der Pass ist nicht nur die Top-Destination für einen Roadtrip in der Schweiz, die Gegend bietet auch zahlreiche Aktivitäten und Möglichkeiten, in die Natur einzutauchen.

Tipps:

- Cheeky Campers ist in der Region um Basel zuhause und hat Pläne, seine Aktivität nach Bern und Zürich auszudehnen. Die Firma bietet moderne Vans mit einem einfachen Mietkonzept: Unlimitierte Kilometer, transparente Kosten sowie unkomplizierte Abholung und Rückgabe übers Handy. Vans gibt es in zwei Grössen: Mittel und Gross. Bringen Sie ihre eigenes Bettzeug und Essen für ein unvergleichliches Abenteuer mit.
- Vergewissern Sie sich, dass das Übernachten an dem von Ihnen gewählten Ort zulässig ist.
- Unsere Kosteneinstufung dieses Abenteuers beinhalten Fahrzeugmiete, Übernachtung und Billette für Ausflüge.
- Das Befahren von Alpenpässen kann durchaus schwierig sein. Berücksichtigen Sie dies bei der Planung Ihrer Route.
- Kreditkarten werden an allen Tankstellen akzeptiert. Tanken Sie, bevor Sie einen Alpenpass befahren.

Kontakt:

cheekycampers.ch

grimselwelt.ch

Weitere Optionen:

- **Nomady** (nomady.ch)
- **Touring Club Schweiz** (tcs.ch)
- **Park4Night** (park4night.com)
- **Parkn'Sleep** (parknsleep.eu)

Eine episch-helvetische Wanderung

KANTON:
Bern

ORT:
Grindelwald

STARTPUNKT:
Grosse Scheidegg

ENDPUNKT:
Schynige Platte

3
TAGE

SCHWER

▶ ▶ ▶ Beste Zeit im Jahr:

JUNI–SEPTEMBER

ALTER:
10+

GANZJÄHRIG:
Schlafsack,
Necessaire

Überblick:

Diese Wanderung ist eine der schönsten in der ganzen Schweiz! Die dreitägige Tour, die auf der Grossen Scheidegg beginnt und auf der Schynige Platte endet, ist eine Augenweide. Jeder Tag bietet beeindruckende Landschaften und unvergessliche Aussichten.

TAG 1: 7.5 km | 3 h | ↗ 463 m | ↘ 259 m

Grosse Scheidegg–Distelboden–First

Der erste Tag ist eine wunderschöne Wanderung, die sich über Berge und Wiesen schlängelt und fast während der gesamten Dauer auf oder über 2000 m ü. M. verläuft. Nach der Ankunft mit dem Bus auf der Grossen Scheidegg beginnt der Weg gegenüber dem Berghotel Grosse Scheidegg und dem Parkplatz. Hier kreuzen sich mehrere Wege; folgen Sie den Schildern in Richtung First. Kurz nach dem ersten Kilometer teilt sich der Weg. Nehmen Sie den oberen (Weiss-Rot-Weiss) in Richtung First. Etwa nach 3,5 km nehmen Sie den Weg talwärts Richtung Chrinnenboden. Dieser führt Sie durch ein Tal mit einer Murmeltierkolonie. Ihre Unterkunft befindet sich im Berggasthaus First (2167 m). Mit der letzten Talfahrt der Gondel verschwinden auch die Menschenmassen und Sie haben die Aussicht für sich allein.

TAG 2: 5.9 km | 4 h | ↗ 568 m | ↘ 66 m

First–Bachalpsee–Burgihütte–Gassenboden–Faulhorn

Vom Berggasthaus First gehen Sie am zweiten Tag in Richtung Sesselliftstation Oberjoch im Feld hinter dem Gipfel vom First. Folgen Sie den Schildern bis Faulhorn. In weniger als einer Stunde erreichen Sie den Bachalpsee. Bevor Sie den Aufstieg zum Faulhorn beginnen, legen Sie am Seeufer eine erste Pause ein (erkundigen Sie sich, bevor Sie loswandern, oder bei der Buchung des Berggasthauses First nach Proviant). Weiter geht es bis zur Rückseite des Sees und den Berg hinauf. Ihr heutiges Ziel, das Berghotel Faulhorn (2681 m), ist ein

berühmtes kleines Lokal. Der Bau wurde 1830 begonnen und 1833 von Samuel Blatter fertiggestellt. Seither hat sich nicht viel verändert! 1957 wurden Schlafsäle gebaut, um mehr Gäste aufnehmen zu können und 1982 wurde der Transport von Vorräten mit Maultieren durch einen Helikopter ersetzt. Die Gegend ist beeindruckend, mit einem 360°-Blick auf Eiger, Mönch und Jungfrau, die Vogesen im Elsass, den Schwarzwald in Deutschland und einige der schönsten Seen der Schweiz. Nehmen Sie auf der Terrasse Platz, ziehen Sie Ihre Schuhe aus und bestellen Sie einen Drink, um Ihre Ankunft zu feiern.

TAG 3:

10.2 km | 5.5 h | 205 m | 910 m

Faulhorn–Männdlenen–Lauchera Grätli–Schynige Platte

Stehen Sie am letzten Morgen zeitig auf, um den Sonnenaufgang zu erleben, und geniessen Sie dann ein Frühstück mit Brot, Marmelade und Kaffee. Essen Sie reichlich und bereiten Sie sich auf die anstrengende Wanderung vor. Vom Faulhorn gehen Sie die Serpentinen hinunter und biegen unten rechts in Richtung Schynige Platte ab. Die ersten 3 km des nächsten Abschnitts sind Mitte bis Ende Juli noch schneebedeckt; seien Sie vorsichtig. Sollten Sie müde werden, bieten die atemberaubenden Aussichten genügend Motivation. Wanderungen mit solch grandiosem Panorama sind zum Geniessen da. Der Weg führt hinunter zum Berghaus Männdlenen (für Verpflegung und Toilettenpause). Auf der Schynige Platte angekommen, erwartet Sie ein reges Treiben. Der Berg hat einiges zu bieten: den Schweizer Blumen- und Panoramaweg, das tägliche Alphornkonzert und wenn Sie mit Kindern unterwegs sind, Lilys Schatzsuche. Zum Schluss steigen Sie in den Zug für die ganz besondere Fahrt hinunter nach Wilderswil.

TOTAL:

Tipps:

- Dies ist eine körperlich anspruchsvolle Wanderroute. Bitte treten Sie diese nur an, wenn Sie wandern gewohnt sind und über ausreichend Ausdauer verfügen.
- Buchen Sie Ihre Aufenthalte weit im Voraus. Verlassen Sie sich nicht darauf, dass ein Zimmer ohne Reservierung verfügbar sein könnte!
- Am dritten Tag gibt es beim Berghaus Männdlenen einen kleinen Abschnitt, der einen steilen Weg mit Kettengriffen beinhaltet.
- Diese Tour bietet wenig Schatten. Nehmen Sie viel Wasser mit. Verlassen Sie sich nicht darauf, dass auf dem Weg Wasser verfügbar ist. Auf dem Faulhorn gibt es kein Trinkwasser. Sie können jedoch Wasser in Flaschen kaufen.
- Das Faulhorn ist nur von Ende Juni bis Mitte oder Ende Oktober (je nach Schneeverhältnissen) zugänglich.
- Im Berghotel Faulhorn können Schlafsäcke gemietet werden.
- Die Essenszeiten in den Berggasthöfen sind fix. Bitte melden Sie sich zu den angegebenen Zeiten in den Speisesälen.
- Die meisten Kreditkarten und Bargeld werden akzeptiert.
- Im Berggasthaus First gibt es Gemeinschaftsduschen und -toiletten. Im Faulhorn gibt es keine Duschen, aber in den Zimmern gibt es kaltes Wasser in Krügen für Katzenwäsche und Zähneputzen.
- Besuchen Sie den First Cliff Walk, um die Aussicht und ein wenig extra Abenteuer zu geniessen.
- Von Juli bis Oktober finden täglich Alphornkonzerte auf der Schynige Platte statt.

Kontakt:

Berggasthaus First
Postfach 138
3818 Grindelwald
+41 33 828 77 88
administration@berggasthausfirst.ch
berggasthausfirst.ch

Berghotel Faulhorn
3818 Grindelwald
+41 79 534 99 51
info@faulhorn.ch
faulhorn.ch

Weitere Optionen:

- Berggasthaus Schäfler, Schwende, AI
- Hotel Waldrand-Pochtenalp, Kiental, BE
- Berghotel Obersteinberg, Lauterbrunnen, BE
- Berghotel Bischofalp, Elm, GL
- Berghotel Tgantieni, Lenzerheide, GR
- Berggasthaus Heimeli, Sapün, GR
- Berghaus Sulzfluh, St. Antönien, GR
- Restaurant & Hotel Sankt Martin, Vättis, GR
- Capanna Corno-Gries CAS, Bedretto, TI

Wenn Sie sich nach mehr Hüttenwanderungen sehnen, haben wir genau das Richtige für Sie. In unserem Buch *Frischluftkinder Schweiz – Hüttenabenteuer* stellen wir 36 Berggasthöfe, Hotels und SAC/CAS-Hütten an eindrucksvollen Orten vor. Dort sind auch mehrtägige Routen wie diese aufgelistet!

Ein unvergesslicher Flug

KANTON:
Bern

ORT:
Grindelwald

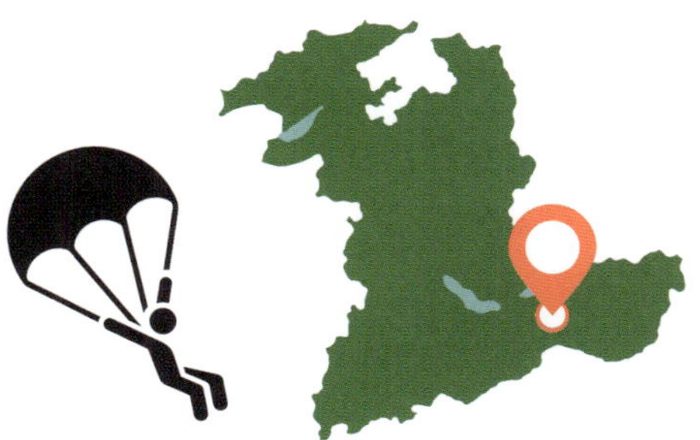

STARTPUNKT:
First

ENDPUNKT:
Grindelwald

1
STUNDE

SCHWER

▶ ▶ ▶ Beste Zeit im Jahr:

JUNI–OKTOBER

GEWICHT:

30–100 kg

AUSRÜSTUNG:

Handschuhe

Überblick:

Seit über einem Jahrhundert sind die Menschen vom Fliegen fasziniert. Wir können uns keine bessere Art und Weise vorstellen, das Gefühl der Freiheit, das mit Fliegen einhergeht, zu erleben, als beim Gleitschirmfliegen in den Schweizer Alpen. Gleitschirmfliegen ist ein Abenteuer, das auf jeder Bucket-List stehen sollte und das an einigen der schönsten Orte der Schweiz angeboten wird.

1987 fand in Verbier in der Schweiz die erste, wenn auch nicht offizielle, Gleitschirmweltmeisterschaft statt. Offiziell wurde die Veranstaltung 1989, als Österreich die ersten Weltmeisterschaften abhielt. Das Gleitschirmfliegen, wie wir es heute kennen, hat sich im Laufe der Jahre durch Design und Zweck weiterentwickelt und ist zu einem beliebten Freizeitsport geworden.

Kinder können mit der Zustimmung eines Erziehungsberechtigten Gleitschirm fliegen, müssen aber mindestens 30 kg wiegen. Das Höchstgewicht beim Gleitschirmfliegen beträgt 100 kg. Bitte informieren Sie das Unternehmen bei der Buchung, falls das Gewicht in der Nähe einer der beiden Beschränkungen liegt.

Zum Gleitschirmfliegen brauchen Sie nur wenig Ausrüstung: einen lizenzierten Piloten, einen Sicherheitsgurt, die Flugsteuerung, den Gleitschirm (der aus verschiedenen Stoffteilen besteht, die eng miteinander verwoben sind) und gutes Wetter. Um den Wind ideal nutzen zu können, startet der Flug auf einem nahegelegenen Berg oder Hügel. Nach einem kurzen Anlauf erfasst der Wind das Segel und Sie spüren mit Freuden, dass Ihre Füsse den Boden verlassen haben.

Während dem Tandem-Erlebnis gibt Ihnen Ihr Pilot detaillierte Anweisungen für einen sicheren Start und hilft Ihnen in Ihr Gurtgeschirr. Sobald Sie in der Luft sind, erleben Sie die Faszination der Schweizer Alpen aus einer neuen Perspektive, lassen sich von den Thermalwinden tragen und gleiten schwerelos durch die Luft. Die 20–30 Minuten vergehen wie im Flug, da man vom Panorama gar nicht genug kriegen kann. Der Pilot gibt Anweisungen für eine sichere Landung auf einem offenen Feld.

Tipps:

- Die beste und einfachste Art, das Gefühl vom Fliegen zu erleben! Es sind weder Vorwissen noch Kondition erforderlich.
- Gleitschirmfliegen erfordert wirklich wenig körperliche Anstrengung, setzt jedoch ein gewisses Mass an Mut voraus.
- Teilnehmende müssen wissen, wo sie ihre Piloten treffen können. Dieser Treffpunkt hängt von den meteorologischen Bedingungen am betreffenden Tag ab. Für unseren Flug haben wir uns für Grindelwald-First entschieden, wo der Treffpunkt entweder bei der unteren Liftstation (Grindelwald) oder bei der oberen Liftstation (First) ist.
- Sie können eine kleine, gesicherte Kamera mitnehmen. Aber Selfie-Sticks, Handys und andere Kameras sind auf dem Flug nicht erlaubt.
- Während des Fluges nimmt der Pilot Bilder auf, die Sie kaufen können.
- Für den Fall, dass das Wetter nicht ideal sein sollte, empfehlen wir Ihnen, den Flug so früh wie möglich zu machen, um das Beste aus dem Wetter zu machen und den besten Startort zu finden. Bei zu schlechtem Wetter werden die Flüge abgesagt. Informieren Sie sich über die Stornierungs- und Umbuchungsbedingungen der Unternehmen.
- Sollte Ihnen schnell übel werden, ist ein rasanter Flug nichts für Sie. Sind Sie dagegen auf Nervenkitzel aus, lassen Sie es Ihren Piloten wissen.

Kontakt:

Paragliding Jungfrau GmbH
Dorfstrasse 187
3818 Grindelwald
+41 79 77 99 000
tandem@pargliding-jungfrau.ch
paragliding-jungfrau.ch

Weitere Optionen:

- Gstaad, BE
- Interlaken, BE
- Wengen, BE
- Bad Ragaz, GR
- Pontresina, GR
- Weggis, LU
- Engelberg, OW
- Locarno, TI
- Rivera, TI
- Zermatt, VS

Wildwasser-Rafting

KANTON:
Bern

ORT:
Interlaken

START- UND ENDPUNKT:
Interlaken

2,5 STUNDEN

MITTEL

Beste Zeit im Jahr:
JUNI–SEPTEMBER

ALTER:
8+

AUSRÜSTUNG:
Schwimmsachen, Handtuch, Ersatzkleider

Überblick:

Für Einzelpersonen, Gruppen oder Familien, die nicht mit Rafting vertraut sind, ist das Wildwasser-Rafting auf dem Fluss Lütschine ein perfekter Ausflug. Wir haben einen Guide von Outdoor Switzerland AG (einem Abenteuerunternehmen) gebucht, der uns sicher den Fluss hinunter in den Brienzersee führte.

Ihr Guide holt Sie an einem bestimmten Ort ab und stattet Sie mit Neoprenanzügen, Schwimmwesten, Stiefeln und Helmen aus. Dann werden Sie zum Einstiegspunkt am Fluss gebracht. Bevor das Raft ins Wasser gelassen wird, erhalten Sie eine gründliche Sicherheitseinweisung. Dann ist es Zeit, aufs Wasser zu gehen!

Während Sie den Fluss hinunterfahren, wird gepaddelt, gelacht, entspannt und sogar etwas über die Gegend gelernt. Ihr Guide ist während der ganzen Fahrt bei Ihnen. An einem sicheren Ort im Brienzersee angekommen, springen Sie für ein erfrischendes Bad ins Wasser, schwimmen dann bis zum Ufer und helfen Ihrem Guide, das Boot auf den Van zu laden.

Tipps:

+ **Ein fabelhaftes Abenteuer für eine Gruppe. Es gibt Platz für bis zu acht Personen pro Raft.**
+ **Handys können in einem wasserdichten Behälter aufbewahrt werden, der vom Unternehmen zur Verfügung gestellt wird. Greifen Sie auf eine wasserdichte Kamera zurück.**
+ **Nehmen Sie etwas Bargeld mit, um am Ende Snacks oder Getränke zu kaufen.**
+ **Es werden verschiedene Arten von Rafting angeboten. Wir haben uns für das »Family Rafting«-Paket als Einstieg in den Sport entschieden.**
+ **Ein Abhol- und Bringservice kann bei der Buchung gewählt werden.**
+ **Wir empfehlen, ein Unternehmen und/oder einen Guide zu engagieren, mit dem Sie sich wohl fühlen.**
+ **Wenn Sie an einem Rafting-Erlebnis interessiert sind, ohne einen Guide zu buchen, empfehlen wir Ihnen das Böötle auf der Aare von Thun bis Bern. Die Gummiboote können in Thun gemietet und in Bern zurückgegeben werden. Die Strecke ist ca. 28 km lang, daher sollten Sie einen ganzen Tag auf dem Fluss einplanen. Schwimmwesten werden vom Unternehmen zur Verfügung gestellt (aarebootsfahrten.ch).**

Kontakt:

Outdoor Switzerland AG
Hauptstrasse 15
3800 Matten bei Interlaken
+41 33 224 0707
info@outdoor.ch
outdoor.ch

NRS

Weitere Optionen:

- **Simme im Simmental, Därstetten, BE** (outdoor.ch)
- **Rhein bei Ilanz, GR** (wasserchraft.ch; swissriveradventures.ch; adventurebase.ch)
- **Giarsunschlucht, Zuoz, GR** (engadinoutdoorcenter.ch)
- **Vispa, Visp, VS** (swissraft.ch; valrafting.com)
- **Saane, Chateau d'Oex, VD** (swissraft.ch)

Im Tal der Wasserfälle

KANTON:
Bern

ORT:
Lauterbrunnen

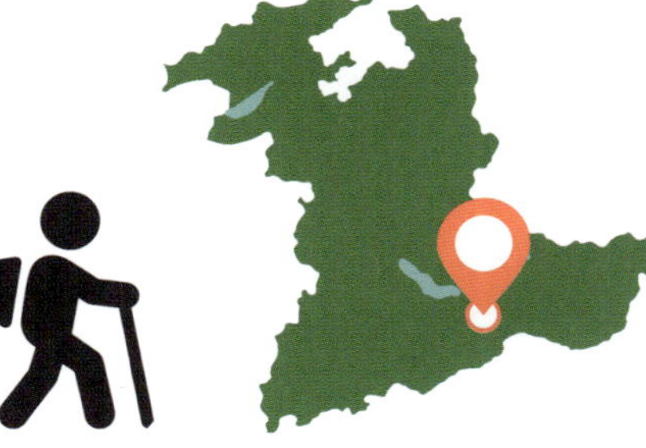

START- UND ENDPUNKT:
Lauterbrunnen, Ey

3 STUNDEN

EINFACH

Beste Zeit im Jahr:
APRIL–OKTOBER

ALTER:
5+

AUSRÜSTUNG:
wasserfeste Kleidung, feste Schuhe

Überblick:

Das Lauterbrunnental ist bekannt als »das Tal der Wasserfälle«. Mit sage und schreibe 72 beeindruckenden Wasserfällen garantiert dieses Gebiet ein atemberaubendes Panorama. Packen Sie ein Picknick ein, suchen Sie sich ein schattiges Plätzchen und entspannen Sie sich. Schönheit, wie sie in diesem Tal zu finden ist, muss man geniessen.

Die hier porträtierte Wanderung zu den im Innern des Felsens gelegenen Trümmelbachfällen führt an mehreren Wasserfällen vorbei – u. a. an den eindrücklichen Staubbachfällen, die 300 m hoch sind. Diese Wanderung ist ideal für die Frühlings- und Sommermonate, wenn die Fälle wegen des schmelzenden Schnees am meisten Wasser führen und am imposantesten sind. Sie sind die grössten unterirdischen Wasserfälle Europas und gehören zum UNESCO-Welterbe: es fliessen jede Sekunde beeindruckende 20 000 l Wasser in die Tiefe.

Von der Bushaltestelle Lauterbrunnen, Ey gehen Sie bergauf bis zur Kirche, die auf der anderen Seite des Flusses liegt. Der Weg beginnt auf der anderen Seite des Parkplatzes und führt durch das Tal und über ein Feld, bevor er den Fluss überquert. Seien Sie beim Überqueren der Strasse im Bereich der Trümmelbachfälle vorsichtig. Für den Rückweg folgen Sie dem Weg in umgekehrter Richtung bis nach Lauterbrunnen.

Tipps:

- **Der Eintritt zu den Trümmelbachfällen ist kostenpflichtig.**
- **Hunde und Kinder unter vier Jahren dürfen aus Sicherheitsgründen nicht mitgenommen werden.**
- **Teil der Tour bildet ein kleiner Aufzug und die Fälle sind teilweise unterirdisch. Wenn Sie unter Platzangst leiden, ist dieser Ausflug nichts für Sie.**
- **Die Wasserfälle können extrem laut sein und haben eine unglaubliche Kraft. Halten Sie Ihre Kinder in Ihrer Nähe.**
- **Vor Ort gibt es einen kleinen Kiosk und Toiletten.**

Kontakt:

Familie Kaspar von Almen AG
Trümmelbach
3824 Stechelberg/Lauterbrunnen
+41 33 855 32 32
info@truemmelbachfaelle.ch
truemmelbachfaelle.ch

Weitere Optionen:

- Giessbachfälle bei Brienz, BE
- Oltschibachfall bei Meiringen, BE
- Berglistüber, Linthal, GL
- Saut du Doubs, Les Brenets, NE
- Dundelbachfälle, Lungern, OW
- Thurwasserfälle, Alt St. Johann, SG
- Cascata Piumogna, Faido, TI
- Cascata di Foroglio, Cevio, TI
- Stäubifall, Unterschächen, UR
- Fellbach, Saas-Balen, VS
- Chute de la Rèche, Grône, VS
- Rheinfall, Laufen-Uhwiesen, ZH

Der Swiss Bike Park Oberried

KANTON:
Bern

ORT:
Niederscherli

START- UND ENDPUNKT:
Niederscherli, Oberried

2+ STUNDEN

MITTEL

▶▶▶ Beste Zeit im Jahr:

APRIL–OKTOBER

ALTER:
4+

AUSRÜSTUNG:
Handschuhe, Helm, Velohosen, Rückenpanzer

Überblick:

Der 2018 eröffnete Swiss Bike Park bietet eine entspannte Atmosphäre und ein umfangreiches Angebot für Bikebegeisterte: eine Kinderstrecke, Übungsbereiche, einen Pumptrack, Trick Jumps, Uphill-Trails, Downhill-Bereiche, eine Velodrom-Arena, einen Rock-Garden und Technikbereiche. Es werden Kurse und Camps für alle Niveaus angeboten.

Dieses Paradies für Mountainbiker ist sorgfältig konzipiert, wobei der Schwerpunkt auf der Sicherheit liegt. Jeder Bereich verfügt über eine Informationstafel mit Tipps von einem Profi in dieser Disziplin, QR-Codes für Tutorials und die Notrufnummer, die Sie anrufen können, falls Sie Hilfe benötigen.

Werfen Sie erst einen Blick auf die Website, um sich mit dem Layout vertraut zu machen. Es gibt eine fabelhafte interaktive Karte und eine Rubrik mit den neuesten Angeboten.

Wir empfehlen, mit dem Auto anzureisen; es gibt Parkplätze vor Ort. Die nächstgelegene Haltestelle der öffentlichen Verkehrsmittel ist der Bahnhof Thörishaus Dorf. Vom Bahnhof aus gibt es einen Shuttle-Service: Reservieren Sie diesen telefonisch zwei Tage im Voraus.

Mit seinen beeindruckenden Einrichtungen und der Aussicht auf die Alpen bietet dieser Park ein Erlebnis für Menschen aller Altersgruppen sowie alle Schwierigkeitsniveaus. Es ist wirklich für alle etwas dabei.

Tipps:

- **Bringen Sie Ihr eigenes Bike mit oder mieten Sie eines vor Ort. Es werden auch Mountainbikes zum Ausprobieren der verschiedenen Disziplinen angeboten.**
- **Besuchen Sie den Park an einem Wochentag, um Menschenmassen auszuweichen.**
- **Bei schlechtem Wetter ist der Airbag-Bereich des Parks (zum sicheren Erlernen grosser Jumps) geschlossen.**
- **Vor Ort gibt es Duschen, Toiletten und ein Café sowie einen Reparaturservice.**
- **Melden Sie sich für alle Camps und Kurse im Voraus an.**

Kontakt:

Swiss Bike Park
Oberriedgässli 6
3145 Niederscherli
+41 31 848 22 12
info@swissbikepark.ch
swissbikepark.ch

BIKE PARK

Weitere Optionen:

- **Pumptrack Urnäsch, AR** (pumptrack-urnaesch.ch)
- **Pumptrack Frutigen, BE** (frutigresort.ch)
- **Bike Park Valbirse, BE (**bikeparkvalbirse.ch)
- **Pumptrack Arosa, GR** (arosa-bikeschool.ch)
- **Pumptrack Domat/Ems, GR** (amedestrailhunters.ch)
- **Pumptrack Grenchen, SO** (tissotvelodrome.ch)
- **Pumptrack Altendorf, SZ** (altendorf.ch)
- **Kabi Bike Park, Oberiberg, SZ** (bikeschulehochybrig.ch)
- **Pumptrack Schattdorf, UR** (urbikers.ch)
- **Pumptrack Champéry, VS** (regiondentsdumidi.ch)
- **Bike Park Zurich, ZH** (bikeparkzuerich.ch)

11

Stand-Up-Paddling (SUP)

KANTON:
Fribourg

ORT:
Greyerzersee

START- UND ENDPUNKT:
Le Bry, Village

2+
STUNDEN

MITTEL

▶ ▶ ▶ Beste Zeit im Jahr:

JUNI–SEPTEMBER

ALTER:
10+

AUSRÜSTUNG:
Schwimmsachen, Sonnenschutz

Überblick:

Stand-Up-Paddling (SUP) machte sein Debut als Sportart auf Hawaii. Paddel und Flösse werden jedoch bereits seit Tausenden von Jahren von Menschen benutzt, um sich auf dem Wasser fortzubewegen. Heute erfreut sich der Sport immer grösserer Beliebtheit, und das aus gutem Grund: Es ist eine fantastische Art, Gewässer zu erleben, und ein phänomenales Workout.

Das Besondere an diesem SUP-Erlebnis ist die kleine Insel Ogoz inmitten des Greyerzersees, zu der man paddeln kann. Auf ihr befindet sich ein Dorf aus dem 13. Jahrhundert mit einem Schloss und einer Kapelle, in der noch heute Hochzeiten abgehalten werden.

Es gibt nicht viele Orte in der Schweiz, an denen Paddler die Möglichkeit haben, eine Insel zu besuchen, also nutzen Sie dieses Erlebnis in den Sommermonaten voll aus. (Mitte bis Ende März ist der See in der Regel so flach, dass man bis zur Insel durch das Wasser waten kann).

Tipps:

- **Paddleboards (inkl. Schwimmweste und Paddel) können vor Ort gemietet werden. Kanus sind ebenfalls verfügbar.**
- **Dieses Abenteuer empfehlen wir nur für gute Schwimmer.**
- **Paddleboarding erfordert einen guten Gleichgewichtssinn und viel Körperspannung.**
- **Wir empfehlen das Tragen einer Schwimmweste sehr. Wenn Sie mehr als 300 m vom Ufer entfernt sind, müssen Sie eine Schwimmhilfe mit sich führen.**
- **Behalten Sie Ihre Knöchelleine an, für den Fall, dass Sie ins Wasser fallen.**
- **Versichern Sie sich, dass andere wissen, wo Sie sind, und gehen Sie am besten nie alleine aufs Board.**
- **Achten Sie immer auf Ihre Umgebung und entgegenkommende Wasserfahrzeuge. Meiden Sie Hafenanlagen.**
- **Im Juli und August wird auf dem Zugersee Paddleboarding unter dem Sternenhimmel angeboten, auf dem Zürich- und Bodensee gibt es SUP-Yoga.**

Kontakt:

Canoës Gruyère
Pierre Vannier
+41 79 697 72 71
canoës-gruyère.ch

Weitere Optionen:

- **Hallwilersee, AG: Beinwil am See** (strandbad-beinwilamsee.ch)
- **Bielersee, BE: Erlach** (supstation.ch)
- **Murtensee, FR: Murten** (bisenoire.ch)
- **Canovasee, GR: Canovasee Badi** (canovasee.com)
- **Crestasee, GR: Naturbad** (crestasee.com)
- **Silvaplanersee, GR: Silvaplana** (kitesailing.ch)
- **Sempachersee, LU: Nottwil** (caribbean-village.ch), **Sempach** (korporation-sempach.ch), **Schenkon** (seebadischenkon.ch)
- **Sihlsee, SZ: Willerzell** (sihlsee-fisch.ch), **Sihlseebadi** (sihlseebadi.ch)
- **Ägerisee, ZG: Oberägeri** (studenhuette.ch), **Unterägeri** (sup-aegerisee.ch)
- **Greifensee, ZH: Strandbad Maur** (supgreifensee.ch)
- **Pfäffikersee, ZH: Badi am See** (badiamsee.ch), **Strandbad Auslikon** (seekioskauslikon.ch)

Velotour um den Murtensee

KANTON:
Fribourg

ORT:
Murtensee

START- UND ENDPUNKT:
Murten

4+
STUNDEN

MITTEL

Beste Zeit im Jahr:
APRIL–OKTOBER

ALTER:
4+

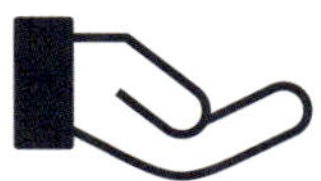

AUSRÜSTUNG:
Veloausrüstung, Sonnenbrille

Überblick:

Wenn Sie eine wunderschöne Velostrecke entlang eines Sees suchen, sollten Sie die Murtensee-Route 480 in Betracht ziehen. Diese Rundtour ist eine Mischung aus Velowegen auf Strassen, im Wald und durch Weinberge, die einen herrlichen Blick auf den Murtensee bieten. Die rund 30 km lange Strecke ist besonders in den Frühlings- und Herbstmonaten reizvoll und bietet mit ihren sanften Hügeln reichlich Gelegenheit zur Erkundung.

Vom Bahnhof aus radeln Sie die Freiburgstrasse hinunter, die Sie im Gegenuhrzeigersinn auf der Route 480 um den Murtensee herumführt. Fahren Sie über den Kreisverkehr und hinunter auf die untere Strasse (Ryf); die Schilder weisen in Richtung eines Bootsstegs und das Dorf Muntelier. Ryf geht in die Hauptstrasse über. Nach dem grossen Kreisel biegt der Weg beim Gebäude MB Metalbau links ab und führt durch ein Industriegebiet. Bald wird er zu einem baumgesäumten Feldweg in einem Naturschutzgebiet.

Der Weg führt durch das Dorf Sugiez und dann bergauf zum Mont Vully. Ihr erster Halt könnte das keltische Oppidum sein, das hoch oben auf dem Hügel thront. Dieses wiederbelebte Dorf, das 58 v. Chr. in Brand gesetzt wurde, ist für alle Geschichtsliebhaber einen Besuch wert. Nach der Pause in Oppidum führt Sie Ihr Weg hinunter in die weitläufigen Weinberge, bevor Sie links über einen kurzen Umweg über die Route du Mont auf die Lamberta-Höhlen (Les grottes des Roches Grises »La Lamberta«) stossen. Dieses beeindruckende Höhlensystem stammt aus der Zeit des Ersten Weltkriegs und ist ein fantastischer Ort für Entdeckungen und Schatzsuchen für Jung und Alt.

Steigen Sie wieder auf Ihr Velo und fahren Sie weiter durch die malerischen Weinberge. Die Route du Mont geht in eine andere Strasse über (Route du Quart Dessus) und trifft wieder auf den Radweg. Bald führt der Weg wieder hinunter zum See. Die nächste Sehenswürdigkeit ist die Vogelwarte im Südwesten des Sees bei Faoug.

Beenden Sie diese herrliche Route ca. 5 km nach Faoug mit einer Fahrt durch die mittelalterliche Stadt Murten, bevor Sie Ihr Velo zurückgeben und sich auf den Heimweg machen.

Tipps:

- Diese Velotour ist kostenlos, wenn Sie mit Ihrem eigenen Fahrrad und Helm anreisen.
- Wenn Sie ein Velo mieten, ist der Abholort am Bahnhof Murten. Reservieren Sie Ihre Velos und Helme im Voraus. Geben Sie an, welchen Fahrradtyp Sie wünschen, ob Sie einen Helm benötigen und wann Sie das Velo abholen und zurückbringen möchten. Für Inhaber des Swiss Pass (SBB) gibt es eine Ermässigung.
- Diese abwechslungsreiche Route ist ideal für Personen mit etwas Veloerfahrung.
- Ende April findet jeweils das SlowUp Murten statt. An diesem Tag sind die Strassen für den Autoverkehr gesperrt und Sie können Ihren Veloausflug auf autofreien Strassen geniessen (slowup.ch).
- Die Weinberge präsentieren sich in den Herbstmonaten in voller Pracht und machen diese Fahrt zu einer wahren Augenweide.
- Entlang der Strecke gibt es bloss wenige Toiletten oder Möglichkeiten Ihre Wasserflaschen aufzufüllen. Benutzen Sie die Toilette am Bahnhof und nehmen Sie ausreichend Wasser mit.
- Einige Abschnitte verlaufen auf Gemeindestrassen, aber der grösste Teil der Strecke verläuft auf offenen, unbefestigten Wegen.
- Führen Sie ein Erste-Hilfe-Set und ein wenig Flickzeug für den Fall einer Reifenpanne mit.

Kontakt:

Rent a Bike AG
+41 41 925 11 70
info@rentabike.ch
rentabike.ch

Weitere Optionen:

- **Lungerersee-Route 701 in der Nähe von Lungern, OW**
(Rundfahrt; 9 km)
- **Pfäffikersee-Route 210 in der Nähe von Pfäffikon, ZH**
(Rundfahrt; 12 km)
- **Sarnersee-Route 702 in der Nähe von Sarnen, OW**
(Rundfahrt; 18 km)
- **Jura-Route 7 von Basel bis Nyon**
(sechs Etappen; 280 km)
- **Aare-Route 8 von Oberwald (Gletsch) bis Koblenz**
(sieben Etappen; 315 km)
- **Rhône-Route 1 von Andermatt bis Genf**
(acht Etappen; 350 km)
- **Mittelland-Route 5 von Romanshorn bis Lausanne**
(sieben Etappen; 375 km)
- **Rhein-Route 2 von Andermatt bis Basel**
(neun Etappen; 435 km)
- **Seen-Route 9 von Montreux bis Rorschach**
(zehn Etappen; 510 km)
- **Herzen-Route 99 von Lausanne nach Rorschach**
(dreizehn Etappen; 725 km)

Talfahrt auf dem Trottinett

KANTON:
Graubünden

ORT:
Chur

START- UND ENDPUNKT:
Brambrüesch

2–3
STUNDEN

EINFACH

▶ ▶ ▶ Beste Zeit im Jahr:

JUNI–OKTOBER

ALTER:
6+

AUSRÜSTUNG:
Stabile Schuhe, Handschuhe
(bei kaltem Wetter)

Überblick:

Hoch über Chur liegt das verschlafene Berggebiet von Brambrüesch. Dieser kleine Berg ist perfekt für einen Tag voller Abenteuer weit weg von jeglichen Menschenmassen! Fahren Sie mit der Gondel 16 Minuten von Chur hinauf nach Brambrüesch.

Wenn die Welt der Mountain Scooter für Sie Neuland ist, geben Sie uns einen Moment, um Sie mit diesem Abenteuer vertraut zu machen: Man nehme ein Fahrrad, entferne den Sitz, füge eine Standfläche hinzu und ersetze die Räder durch zwei robuste Geländereifen ... und fertig ist der Mountain Scooter! Es gibt viele Variationen dieser Trottinetts: einige haben drei Räder, andere sind niedrig und einige wurden für verrückte Fahrten aufgemotzt.

Die 5 km lange Route von Brambrüesch (AIS Sportschule im Brambus Center) bis Känzeli ist der beste Weg, um vom Berg ins Tal zu kommen. Der Weg ist breit, fällt sanft ab und bietet eine beeindruckende Aussicht. Für Scooter-Novizen ist dies ein idealer Ort! Und um Ihnen den Einstieg zu erleichtern, gibt es zu Beginn jeder Fahrt eine zweiminütige Übersicht/ Einführung durch das Personal.

Für die, die es ein wenig abenteuerlicher mögen, bietet Brambrüesch auch Mountain Boarding an, was im Grunde mit einem Skateboard mit Handbremse bestritten wird. Ist Ihnen das auch noch nicht genug, bietet das Gebiet auch »Dirt Surfing« an – im Grunde Snowboard fahren im Sommer!

Tipps:

- **Die Aktivitäten beginnen in der AIS Sportschule im Brambus Center, das etwa 15 Gehminuten von der Gondelstation Brambrüesch entfernt ist.**
- **Helme werden bei der Anmietung des Rollers zur Verfügung gestellt und sind im Preis enthalten.**
- **Kinder müssen mindestens 10 Jahre alt sein, um alleine Roller fahren zu können. Wenn sie jünger als 10 sind, können sie in Begleitung eines Elternteils fahren.**
- **Die AIS Sportschule bietet eine Vielzahl von Sommer- und Wintersportkursen an.**

Kontakt:

AIS Sportschule
Brambus Center
Riedboda
7074 Malix
+41 81 250 19 46
info@ais-sportschule.ch
ais-sportschule.ch

Weitere Optionen:

- **Niederhorn, BE** (niederhorn.ch)
- **Wasserfallen, BL** (region-wasserfallen.ch)
- **Elm, GL** (sportbahnenelm.ch)
- **Savognin, GR** (valsurses.ch)
- **Freiberge, JU** (j3l.ch)
- **Saas Grund, VS** (saas-fee.ch)
- **Bettmeralp, VS** (aletscharena.ch)
- **Champéry, VS** (regiondentsdumidi.ch)
- **Morgin, VS** (regiondentsdumidi.ch)
- **Villars-Gryon, VD** (alpesvaudoises.ch)
- **Zug, ZG** (trottiplausch-zug.ch)

Cross Golf Brambrüesch

KANTON:
Graubünden

ORT:
Chur

START- UND ENDPUNKT:
Brambrüesch

2–3
STUNDEN

EINFACH

Beste Zeit im Jahr:
JULI–OKTOBER

ALTER:
6+

AUSRÜSTUNG:
Bequeme Schuhe

Überblick:

Herkömmliche Golfplätze sind in der Regel teuer und es wird streng auf Regeln, Kleidung und Benehmen geachtet. Der Cross-Golf-Platz in Bramböesch – eine kurze Gondelfahrt über Chur – bietet eine erfrischende Alternative dazu: Es ist einfach, zugänglich und eine fabelhafte Freizeitbeschäftigung im Freien.

Cross Golf ist herkömmlichem Golf sehr ähnlich. Die Spieler benutzen jedoch nur einen Schläger und einen einzigen Ball über neun Löcher. Es gibt keine grünen Rasenflächen, sondern nur Löcher oder Ziele in einer atemberaubenden alpinen Landschaft. Das Ziel des Spiels ist einfach: Den eigenen Ball mit der kleinsten Anzahl an Schlägen ins Loch oder ins Ziel bringen?

Cross Golf ist eine fantastische Einführung in den Golfsport für Menschen aller Altersgruppen und Fähigkeiten. Wenn Sie Golfnovizin oder -novize sind, machen Sie sich keine Sorgen! Es sind weder Vorkenntnisse nötig, noch muss man ein Naturtalent sein. Cross Golf ist das ultimative Spiel für Einsteiger und Gruppen! Wenn Sie eine neue Variante des traditionellen Golfs und/oder des Cross Golfs suchen, sollten Sie den Urban-Golf-Parcours in Winterthur besuchen (Winterthur.com).

Tipps:

- **Kaufen Sie ein Gondel- und Golf-Kombi-Ticket an der Gondelstation in Chur.**
- **Holen Sie die Cross-Golf-Ausrüstung (Schläger, Ball und Golftee) in der Gondelstation Brambrüesch ab. Für jeden Ball hinterlegen Sie ein Depot.**
- **Cross-Golf-Bälle sind weicher als normale Golfbälle.**
- **Passen Sie im hohen Gras gut auf Ihren Ball auf, da sie leicht verloren gehen.**
- **Gruppen von zehn oder mehr Personen müssen sich im Voraus online per Buchungsformular anmelden.**
- **Seien Sie in Nähe der grasenden Kühe auf dem Gelände vorsichtig mit Ihren Bällen und Golftees!**

Kontakt:

Chur Tourism
Bahnhofplatz 3
Postfach 115
7000 Chur
+41 81 252 18 18
info@churtourismus.ch
chur.graubuenden.ch

almostGOLF

Weitere Optionen:

Cross Golf und Swin Golf sind zwar nicht dasselbe, aber sehr ähnlich. Wir haben hier Swin-Golf-Optionen für weitere Erlebnisse angegeben.

- **Swin Golf Tschugg, BE**
- **Swin Golf Neuchâtel, NE**
- **Swin Golf Hochwald, SO**
- **Swin Golf Nax, VS**
- **Swin Golf Cremin, VD**

Die längste Rodelbahn der Schweiz

KANTON:
Graubünden

ORT:
Churwalden

START- UND ENDPUNKT:
Bergbahnen

30+
MINUTEN

EINFACH

Beste Zeit im Jahr:
MAI–OKTOBER

ALTER:
3+
mit Eltern

AUSRÜSTUNG:
Dem Wetter entsprechende Kleidung

Überblick:

Die als Rodelbahn bekannten alpinen Metallschlittenabfahrten ziehen Menschen aller Altersgruppen an. Man sitzt in einem speziell konstruierten Wagen, der an einem langen Metallrohr entlangfährt oder sich auf Schienen fortbewegt. Das Ganze kann ganz schön schnell werden; zum Glück gibt es Handbremsen und Sicherheitsgurte!

Für eine aufregende Fahrt auf der längsten Rodelbahn der Schweiz (die sogar im Guinnes-Buch der Rekorde steht) machen Sie sich auf den Weg zur Pradaschier Rodelbahn in Churwalden.

Von der Busstation Churwalden, Bergbahnen, folgen Sie den Wegweisern in Richtung Pradaschier über den Girabodawäg. Am Ende des Girabodawäg liegt ein grosser Parkplatz. Der Billettautomat befindet sich auf der anderen Seite des Parkplatzes. Es gibt zwei Lifte: Nehmen Sie den rechten zur Bergstation der Pradaschier-Rodelbahn. Erkundigen Sie sich nach der Familienkarte, mit der Sie eine Ermässigung erhalten. Die Bahn akzeptiert auch das Halbtax-Abo und das GA.

Auf dem Weg nach oben hat man vom Sessellift aus einen grossartigen Blick auf die Bahn. Sie schlängelt sich um 31 Kurven, hat einen Höhenunterschied von etwa 500 m und ist knapp über 3 km lang. Die Fahrt auf der Rodelbahn selbst dauert nur um die sieben Minuten – davon ist jedoch jede Sekunde unvergesslich.

Die Pradaschier-Rodelbahn ist auch deshalb besonders, weil sie im Gegensatz zu anderen Rodelbahnen nicht nur im Sommer, sondern auch im Winter geöffnet ist.

Tipps:

- **Kinder fahren bis zu ihrem sechsten Geburtstag kostenlos! Das ist doch mal genial!**
- **Ab acht Jahren dürfen Kinder allein fahren. Kinder zwischen drei und sieben Jahren müssen in Begleitung eines Erwachsenen fahren.**
- **Wenn Sie von Mai bis Oktober vor 11:00 Uhr ein Billett kaufen, ergattern Sie das »Early Bird«-Special, bei dem Sie zwei Fahrten zum Preis von einer erhalten.**
- **Schwangere und Personen mit gesundheitlichen Problemen dürfen nicht rodeln.**
- **Aus Sicherheitsgründen ist die Rodelbahn bei schlechtem Wetter geschlossen.**
- **Für eine extra Ladung Spass sorgt eine 1,7 km lange Zip Line am selben Standort!**

Kontakt:

Pradaschier. Der Erlebnisberg
Girabodawäg 16
7075 Churwalden
T +41 81 356 21 80
info@pradaschier.ch
pradaschier.ch

Weitere Optionen:

- **Jakobsbad, AI** (kronberg.ch)
- **Langenbruck, BL** (deinkick.ch)
- **Grindelwald, BE** (pfingstegg.ch)
- **Kandersteg, BE** (oeschinensee.ch)
- **Davos, GR** (schatzalp.ch)
- **Schongau, LU** (schongiland.ch)
- **Sörenberg, LU** (soerenberg.ch)
- **Wirzweli, NW** (wirzweli.ch)
- **Engelberg, OW** (brunni.ch)
- **Flumserberg, SG** (floomzer.ch)
- **Goldingen, SG** (atzmaennig.ch)
- **Sattel-Hockstuckli, SZ** (sattel-hochstuckli.ch)
- **Rivera, TI** (montetamaro.ch)
- **Saas-Fee, VS** (feeblitz.ch)
- **Les Diablerets, VD** (glacier3000.ch)

Geführte Steinbock- und Murmeltiertour

KANTON:
Graubünden

ORT:
Pontresina

START- UND ENDPUNKT:
Alp Languard

5+
STUNDEN

MITTEL

▶▶▶ Beste Zeit im Jahr:

JUNI–OKTOBER

ALTER:

10+

AUSRÜSTUNG:

Wanderschuhe, mehrere Lagen Kleidung

Überblick:

Pontresina ist aus gutem Grund als Steinbockparadies bekannt: Es beherbergt eine der grössten Steinbockkolonien der Schweiz. Der Steinbock, ehrfürchtig auch »König der Alpen« genannt, ist der Fokus dieses Gebiets, das neben einem Steinbockspielplatz, herrliche Wanderwege und kostenlose Führungen bietet. Einen Besuch in Pontresina legen wie Ihnen wärmstens ans Herz.

Buchen Sie Ihre Tour im Voraus und treffen Sie Ihren Guide bei der Sesselbahnstation Alp Languard in Pontresina. Dann fahren Sie mit ihm auf den Gipfel. Stellen Sie sich auf einen langen Tag mit Wandern, Ausschauhalten, Beobachten, Picknicken und Bestaunen der atemberaubenden Landschaft ein. Ihr Guide weiss, wo in den Bergen Sie nach verschiedenen Tieren Ausschau halten müssen. Mit etwas Glück sehen Sie Steinböcke und/oder Murmeltiere.

Die Tour ist unglaublich lehrreich. Der Guide bringt Ihnen das tägliche Leben der Steinböcke näher. Sie lernen etwa, wie sie die harten Winter überstehen, sich im Gelände zurechtfinden und was passiert, wenn sie krank werden. Sie erfahren auch etwas über Murmeltiere und ihre natürlichen Lebensräume.

Die Tour ist ideal für alle, die mehr über die Region Pontresina und ihre einheimischen Pflanzen und Tiere erfahren möchten.

7.3 km	537 m	537 m	2823 m	

Tipps:

- Diese Tour ist kostenlos! Ihre Sesselliftbillette müssen Sie jedoch separat kaufen. Sie starten mit Ihrem Guide im Tal und fahren am Ende des Tages mit dem Sessellift wieder hinunter.
- Die Anzahl der Teilnehmenden an der Tour wird bewusst tief gehalten. Die Tour muss im Voraus gebucht werden (engadin.ch).
- Bringen Sie ein Fernglas mit, wenn Sie eines besitzen: Die Möglichkeit, Tiere in ihrem natürlichen Lebensraum beobachten zu können, ist ein echter Nervenkitzel.
- Die hier angegebene Routenlänge ist eine Schätzung, die auf unserer Erfahrung basiert. Je nach Guide kann die Routenlänge variieren.
- Im Herbst ist Jagdsaison. Diese stellt für Wandergruppen keine Gefahr dar, Wildtiere könnten dadurch aber schwerer zu beobachten sein.
- Bringen Sie Ihr eigenes Mittagessen, Wasser (Auffüllmöglichkeiten gibt es unterwegs keine) und eigene Snacks mit.
- Toiletten gibt es nur an der Liftstation.

Kontakt:

Pontresina Tourismus
Via Maistra 133
7504 Pontresina
+41 81 838 83 20
info@pontresina.ch
pontresina.ch

Weitere Optionen:

- Diemtigtal (Schnecken), Diemtigen, BE
- Wildbeobachtung Schwendi Brönd (Hirsche), Habkern, BE
- Wildbeobachtung Niederhorn (Hirsche), BE
- Payerne et Région (Biber), Estavayer-le-Lac, FR
- Bergün Filisur (Greifvögel), Bergün, GR
- Wildbeobachtung Val Roseg (Hirsche), Val Roseg, GR
- Pilatus Kulm (Steinböcke), Kreins, LU
- Creux du Van (Steinböcke und Gämsen), Noiraigue, NE
- Rheintal (Vögel), Altstätten, SG
- Selzach (Storchkolonie), SO
- Wildtiertour (Steinböcke und Gämsen), Göscheneralp, UR
- Birkendorf Bürchen (Eichhörnchen), Bürchen, VS
- Val d'Hérens (Hirsche), Hérémence, VS

Mountainbiken in den Alpen

KANTON:
Graubünden

ORT:
St. Moritz

STARTPUNKT:
St. Moritz

ENDPUNKT:
Scuol-Tarasp

3
TAGE

SCHWER

Beste Zeit im Jahr:

JUNI–OKTOBER

ALTER:

16+

AUSRÜSTUNG:

Veloausrüstung, Trinkrucksack

Überblick:

Graubünden ist das Eldorado für Mountainbiker und viele Hotels und Berggasthöfe sind bereit, sie zu beherbergen. Diese Tour führt Sie durch viele abgelegene Gegenden, über den Berninapass und durch das hochgelegene Val Mora. Mit zwei erholsamen Nächten und köstlichem Essen ist die Tour eine gelungene Kombination zwischen einer wilden Flucht in die Alpen und herzlicher Gastfreundschaft.

Wie bei allen längeren Mountainbiketouren geht es auch hier weniger um das Ziel als um das Erlebnis an sich. Wenn man drei Tage am Stück unterwegs ist, läuft selten alles nach Plan – und das ist, wenn das wahre Abenteuer beginnt. Diese Route ist lang und führt durch abgelegene Gebiete. Allzu weit von der Zivilisation ist man jedoch nie entfernt.

TAG 1:

45.1 km | 5 h | ↗ 1303 m | ↘ 1257 m

Folgen Sie den roten Wegweisern mit dem Velosymbol vom Bahnhof St. Moritz in Richtung Pontresina (Richtung Osten aus St. Moritz heraus). Der Weg führt weiter in südöstlicher Richtung zum Lago Bianco und hinauf zum Berninapass (Ospizio Bernina), dem höchsten Punkt der Tour. Fahren Sie weiter über den Pass und lüften Sie Ihren Kopf in der kargen Landschaft, bis die Abfahrt nach Livigno Ihre Sinne wieder weckt. Passen Sie auf, dass Sie die Linkskurve nach Livigno nicht verpassen! Das ist die einzige Strasse, die aus dieser Richtung dorthin führt.

TAG 2:

54.5 km | 6 h | ↗ 1516 m | ↘ 2339 m

Fahren Sie von Livigno aus in Richtung Norden und biegen vor dem Lago di Livigno rechts ab. Somit fahren Sie auf dem rechten Weg, wenn Sie nach Norden schauen. Weiter geht es das Alpisella-Tal hinauf in Richtung Val Mora, ein abgelegenes und ruhiges Schweizer Tal an der italienisch-schweizerischen Grenze. Folgen Sie nach der Abfahrt aus dem Val Mora der Route 32 in Richtung Malles Venosta. Dieses Tal ist mit Müstair verbunden. Legen Sie in Müstair einen Halt im Kloster St. Johann ein. Seit 1983 gehört es zum UNESCO-Weltkulturerbe und bietet

einige der besterhaltenen Fresken aus dem Mittelalter. Auch in der Kirche San Giovanni im italienischen Tubre befindet sich eines der ältesten bekannten Fresken des heiligen Christophorus aus dem frühen 13. Jahrhundert. Von Müstair (dem östlichsten Dorf der Schweiz) fahren Sie in Richtung der italienischen Grenze und weiter bis Malles Venosta (alternativ können Sie auch der Route 1 bis Tschierv folgen, dann weichen Sie jedoch von der Tour ab. Die Route 1 kann auch am nächsten Tag bis Scuol befahren werden).

TAG 3:

64.9 km 7 h 3464 m 3174 m

Dies ist der letzte und längste Tag, brechen Sie also am besten früh auf. Der Aufstieg nach Österreich ist lange und bekannt für seinen Gegenwind. Von Malles Venosta fahren Sie nach Norden in Richtung Nauders und folgen dann der Strasse nach links, um auf die Route 443 zu gelangen. Diese führt Sie an mehreren kleinen und einem grösseren See vorbei. Legen Sie in Nauders eine Pause mit Kaffee und Gebäck ein, bevor Sie auf dem Weg nach Scuol wieder in die Schweiz hinunterfahren.

TOTAL:

164.4 km	6283 m	6770 m	2327 m	

Tipps:

- Diese Tour überschneidet sich mit einem Teil der Alpine-Bike-Route 1 und einem kleinen Teil der Trans-Altarezia-Route 32. Wenn Sie mehr Zeit haben, können Sie diese Route auch in umgekehrter Richtung fahren und Ihre Reise entlang der Route 1 bis Bivio verlängern, indem Sie den Septimerpass überqueren, wo die römischen Strassen noch sichtbar sind! Die Route 1 führt über 670 km von Scuol im Graubünden bis nach Leysin im Kanton Waadt (schweizmobil.ch).
- Diese Route verläuft im Zickzack über die Schweizer Grenze und führt nach Italien und Österreich. Bringen Sie die notwendigen Reisedokumente, Ihre Rega-Karte und Euros mit.
- Im Kloster St. Johann in Müstair innezuhalten, könnte sich als spirituelle Erfahrung entpuppen. Im Laufe der Jahrhunderte war es ein Rastplatz für unzählige Menschen – der Legende nach sogar für Karl den Grossen.
- Übernachtungen in Livigno und Malles Venosta eignen sich für diese Tour am besten.
- Wer nicht während drei Tagen mit einem vollen Rucksack biken möchte, kann längere Touren wie diese mit einem Unternehmen buchen, das den Transport der Ausrüstung zwischen den Orten anbietet.
- Seien Sie sich bewusst, dass während der Herbstmonate auf den Pässen bereits Schnee liegen kann.
- Von Livigno in Italien bis Punt la Drossa in der Schweiz gibt es eine Busverbindung, die bei Schneefall das Val Mora umgeht. Sie können damit über die Ofenpassstrasse bis nach Müstair fahren.
- Wir raten Ihnen davon ab, über den Schlinigpass (Malles Venosta in Italien bis Scuol in der Schweiz) und durch das Val d'Uina hinunterzufahren. Diese Route ist extrem gefährlich. Wenn Sie dieses Gebiet sehen möchten, sollten Sie eine geplante Wanderung zu einem anderen Zeitpunkt in Betracht ziehen.

Kontakt:

Hotel Touring Livigno
Via Plan 117
23030 Livigno, Italien
+39 0342 996131
info@touringlivigno.com
touringlivigno.com

Hotel Greif
Via Generale Ignaz Verdross 40
39024 Malles Venosta, Italien
+39 0473 831189
info@hotel-greif.com
hotel-greif.com

Weitere Optionen:

- **Eiger Bike-Challenge in Grindelwald, BE** (20–80 km, einschliesslich Wettrennen für Kinder)
- **Arosa-Lenzerheide-Tour Route 634 von Arosa, GR** (55 km, Rundtour)
- **Scalettapass/Keschhütte Route 339 von Davos-Platz, GR** (71 km, Rundtour)
- **Rheinschluchttour Route 260 von Ilanz, GR** (in einer oder zwei Etappen; 87 km, Rundtour)
- **Swiss Bike Masters Route 333 von Küblis, GR** (vier Etappen; 115 km, Rundtour)
- **Gottardo-Bike-Route 65 von Andermatt, UR, nach Biasca, TI** (drei Etappen; 110 km)
- **Wallis Alpine Bike Route 41 von Crans-Montana, VS, bis nach Siders, VS** (sechs Etappen; 200 km)

Übernachtung unterm Blätterdach

KANTON:
Luzern

ORT:
Pilatus

START- UND ENDPUNKT:
Fräkmüntegg

1
NACHT

MITTEL

Beste Zeit im Jahr:
JUNI–SEPTEMBER

ALTER:
5+

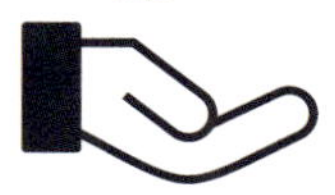

AUSRÜSTUNG:
Schlafsack, Necessaire, Stirnlampe, Insektenspray

Überblick:

Zelten ist ein wunderbares Erlebnis, aber wenn das Zelt dann noch mitten in einem verzauberten Wald und hoch oben zwischen den Bäumen aufgespannt ist, wird es richtig abenteuerlich. Wenn Sie auf der Suche nach einem aussergewöhnlichen Erlebnis für Familien und Gruppen sind, sollten Sie sich auf den Weg in die Pilatus-Region machen.

Im Preis jeder Buchung sind die Hin- und Rückfahrt Kriens-Fräkmüntegg, der Zugang zum Seilpark am Abend, das Abendessen im Restaurant Fräkmüntegg, die Übernachtung im Baumzelt und das Frühstück am Morgen inbegriffen. Ebenfalls in der Buchung enthalten ist eine Fahrt mit dem Dragon Glider – dieser schwebt langsam durch die Bäume von der Fräkmüntegg bis zur Drachenalp.

Die Magie dieses Übernachtungsabenteuers entfaltet sich vor allem am Ende des Tages, wenn die anderen Besucher den Berg verlassen haben. Sobald sich die Menschenmassen aufgelöst haben, wird der Berg zu einem Ort der Stille. Es ist selten, dass man einen Berg für sich allein hat – und erst noch bei Nacht.

Wenn Sie auf dem Gipfel sind, vergessen Sie nicht, am Abend den Sonnenuntergang zu geniessen. Das Läuten von Kuhglocken in der Ferne und der Wind in den Bäumen werden Sie sanft in den Schlaf wiegen. Im Hängezelt werden Sie sich vollkommen entspannen, während Sie langsam ins Land der Träume sinken.

Tipps:

- **Dieses absolut einzigartige Erlebnis wird von Juni bis August angeboten.**
- **Eine Voranmeldung ist erforderlich.**
- **Nehmen Sie Ihre ausgedruckte Reservierung mit, denn der QR-Code darauf ist das Billett für die Gondel.**
- **Bringen Sie Ihre eigenen Schlafsäcke mit. Für alles andere ist gesorgt.**
- **Jedes Zelt bietet Platz für maximal drei Personen.**
- **Der Ausflug ist ideal für Campinganfänger, da nur wenig Ausrüstung benötigt wird.**
- **Wenn Sie auf der Suche nach weiteren Aktivitäten in der Umgebung sind, machen Sie einen Abstecher zum Pilatus Kulm. Dieser Gipfel liegt auf 2132 m ü. M. und bietet eine atemberaubende Aussicht auf die Umgebung sowie zahlreiche Wander-, Themen- und Joggingstrecken.**

Kontakt:

Pilatus-Bahnen AG
Schlossweg 1
6010 Kriens
Tel: +41 41 329 11 11
info@pilatus.ch
pilatus.ch

Weitere Optionen:

- **Sealander Elektrowohnwagenhotel, Faulensee, BE** (interlaken.ch)
- **Baumhaushotel, Murten-Meyriez, FR** (vieuxmanoir.ch)
- **TCS Pop-Up Glamping, Laax, GR** (tcs-glamping.ch)
- **Baum-Glamping, La Coué, NE** (lacoue.ch)
- **Holz-Iglus, Atzmännig, SG** (atzmaennig.ch)
- **Baumzelt am Kleinberg, Flums, SG** (nomady.ch)
- **Jurten, Merlischachen, SZ** (gehren.ch)
- **Bubble-Hotel, Altnau, TG** (himmelbett.cloud)
- **Hängezelte, Hotel Villa Carona, Carona, TI** (villacarona.ch)
- **GAIA-Gorda unter den Sternen, Punta di Larescia, TI** (capannagorda-sanda.ch)

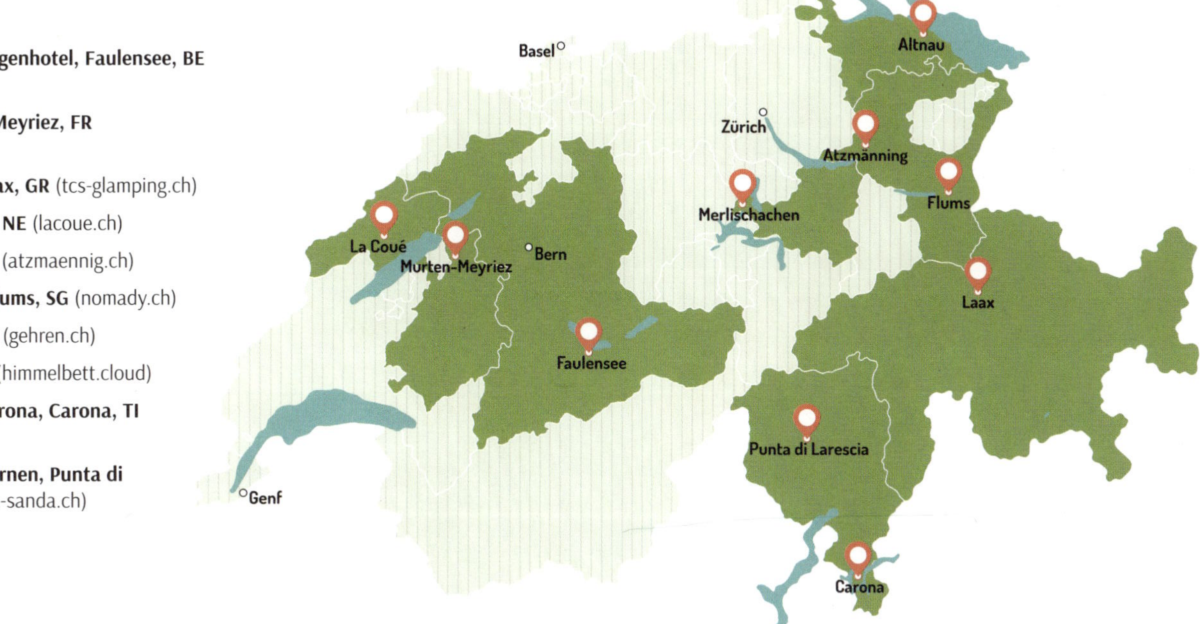

Alpaufzug & Alpabzug

KANTON:
Obwalden

ORT:
Engelberg

START- UND ENDPUNKT:
Kloster

2+
STUNDEN

EINFACH

Beste Zeit im Jahr:
SEPTEMBER–OKTOBER

ALTER:
JEDES ALTER

AUSRÜSTUNG:
Sonnenschutz, stabile Schuhe

Überblick:

Sobald die Sommermonate anbrechen, führen Landwirte und Landwirtinnen ihre Kühe auf höher gelegene Alpen und lassen sie dort Gras, Kräuter und Wildblumen weiden. Dieser besondere Anlass ist als Alpaufzug bekannt. Der Weg ist anspruchsvoll, aber auf die Kühe wird auf dem Weg nach oben gut Acht gegeben.

Wenn sich der Sommer dann dem Ende zuneigt und das Wetter kälter wird, werden die Kühe und die anderen Tiere wie Schafe und Ziegen wieder zu den Weiden in den Tälern und in ihre warmen Ställe geführt. Der Alpabzug wird fast in der ganzen Schweiz gefeiert und ist auch als Alpabfahrt bekannt. Die Landwirte tragen traditionelle regionale Kleidung. Die Kühe werden mit Blumen geschmückt. Die Zuschauerinnen und Zuschauer am Wegrand läuten Kuhglocken und schwenken Fahnen.

Versammeln Sie Familie und Freunde, wählen Sie einen Ort (diese Festlichkeiten finden an mehreren Orten in der ganzen Schweiz an verschiedenen Tagen statt) und machen Sie sich bereit für dieses festliche und traditionelle Schweizer Erlebnis! Entdecken Sie einzigartige und lokale Traditionen! Auf den Märkten werden hausgemachte und regionale Produkte sowie traditionelle Spezialitäten wie Würste, lokaler Käse und Crêpes angeboten. Musik, Spiele und Getränke sind während des Alpabzugs weitverbreitet. Und wenn Sie Glück haben, können Sie vielleicht sogar die schönste Kuh küren.

Wenn Sie in Engelberg sind, sollten Sie das dortige Benediktinerkloster besuchen, in dem noch heute bis zu 30 Mönche leben und dessen Geschichte bis 1120 zurückreicht. Buchen Sie eine Führung und nehmen Sie sich ein bis zwei Stunden Zeit, um die interessante Geschichte dieses herrlichen Ortes kennenzulernen. Danach können Sie die Käserei des Klosters besuchen und zusehen, wie die cremige Milch zu köstlichem Käse wird.

Tipps:

- **Für das genaue Datum, die Startzeit und die Route des Alpauf- und Alpabzugs: engelberg.ch.**
- **Der Umzug führt in der Regel über Teile der Dorfstrasse, der Hauptstrasse von Engelberg.**
- **Die Veranstaltung findet bei jeder Witterung statt.**
- **Die Kühe sind in der Regel gut erzogen, könnten in Menschenmengen jedoch nervös werden. Seien Sie sich dessen bewusst.**

Kontakt:

Engelberg-Titlis Tourismus AG
Hinterdorfstrasse 1
6390 Engelberg
+41 41 639 77 77
welcome@engelberg.ch
engelberg.ch

Weitere Optionen:

- Engstligenalp BE
- Innertkirchen, BE
- Albeuve, FR
- Charmey, FR
- Jaun, FR
- Brigels, GR
- Müstair, GR
- Einsiedeln, SZ
- Ayer, VS
- La Fouly, VS
- L'Etivaz, VD
- St-Cergue, VD

Balmberg Seilpark

KANTON:
Solothurn

ORT:
Balmberg

START- UND ENDPUNKT:
Oberbalmber, Kurhaus

3 STUNDEN

MITTEL

Beste Zeit im Jahr:
APRIL–NOVEMBER

ALTER:
4+

AUSRÜSTUNG:
Lange Hosen, stabile Schuhe

Überblick:

Seilparks sind eine wunderbare Gelegenheit, Gleichgewicht, Beweglichkeit und Kraft zu testen. Der wunderschön gepflegte Seilpark auf dem Balmberg im Kanton Solothurn liegt tief im Wald und ist an heissen Tagen schön schattig. Der Park besteht aus zehn einzigartigen Parcours mit jeweils verschiedenen Schwierigkeitsgraden.

Der Eingang befindet sich etwa 200 m bergauf von der Bushaltestelle Oberbalmberg, Kurhaus. Wenn Sie mit dem Auto anreisen, können Sie es auf dem grossen Parkplatz vor Ort parkieren. Wir empfehlen Ihnen, von der Solothurner Seite her anzufahren, da die andere Zufahrt über schmale Strassen führt. (Wenn Sie wilde Fahrten mögen, nur zu!)

Bevor es losgeht, ist ein Sicherheitskurs für alle Teilnehmenden erforderlich. Das erfahrene Personal nimmt sich Zeit, Sie einzuführen und Ihnen zu erklären, wie Sie die Parcours sicher begehen können. Der Park bietet Zip Lines, Parcours, wo Sie frei fallen, und, 186 Plattformen und Routen sowohl für Anfänger als auch für Erfahrene. Die Möglichkeiten sind endlos und sorgen für einen Tag voller Action.

Fangen Sie langsam an, bis Sie Ihre eigenen Fähigkeiten kennen und einschätzen können, wo Ihre Grenzen liegen, und bahnen Sie sich Ihren Weg durch die Parcours. Klettern Sie durch Baumkronen und über Brücken und stellen Sie dabei Ihre Balance und Ausdauer auf die Probe. Der Seilpark ist eine Herausforderung für Körper und Geist für alle Teilnehmenden.

Und vergessen Sie nicht: Ein Besuch in einem Seilpark ist eine grossartige Teambuilding-Gelegenheit für Freundesgruppen oder Unternehmen. In schwierigen Momenten feuert man sich gegenseitig an und gibt sich ein herzliches High-Five, wenn der Parcours geschafft ist.

Tipps:

- **Helme, Handschuhe und Klettergurte werden zu Verfügung gestellt.**
- **Mit jeder gekauften Eintrittskarte können Sie maximal drei Stunden lang klettern. Danach muss die Ausrüstung zurückgegeben werden.**
- **Der Park ist so gross, dass gleichzeitig mehr als 200 Leute klettern können.**
- **Der Park bleibt auch bei Regen geöffnet, wird aber bei Gewitter und/oder starkem Wind geschlossen.**
- **Um Verbrennungen und Schürfwunden an den Beinen zu vermeiden, empfehlen wir das Tragen von langen Hosen.**
- **Vor Ort gibt es Schliessfächer, Toiletten, Picknicktische und Grillstationen.**
- **Gruppen von mehr als zehn Personen müssen ihren Ausflug im Voraus reservieren.**
- **Für eine umfassende Liste der Schweizer Seilparks besuchen Sie seilparks.ch**

Kontakt:

Seilpark Balmberg
Oberbalmberg 25
4524 Balmberg
+41 32 637 14 14
seilpark-balmberg.ch

Weitere Optionen:

- Seilpark Langenbruck, BL
- Outdoor Seilpark Interlaken, BE
- Davos Adventure Park, GR
- Seilpark Engadin, Sur En, GR
- Forest Jump, Les Colisses, JU
- Seilpark Atzmännig, Goldingen, SG
- Seilpark Baschweri, Bettmeralp, VS
- Swiss Seilpark, Fiesch, VS
- Seilpark Winterthur, ZH

Eine verborgene Vergangenheit

KANTON:
Tessin

ORT:
Gotthardpass

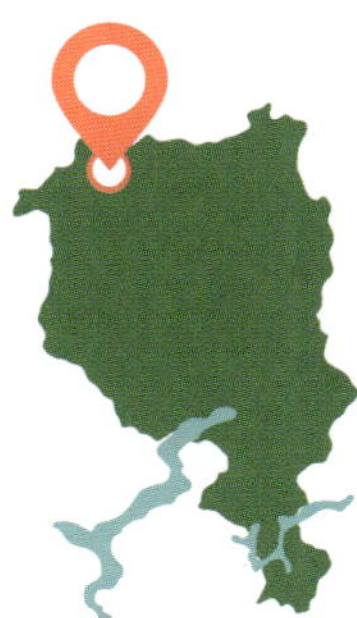

START- UND ENDPUNKT:
Gotthard, Passhöhe

1–2 STUNDEN

EINFACH

▶▶▶ Beste Zeit im Jahr:

JUNI–OKTOBER

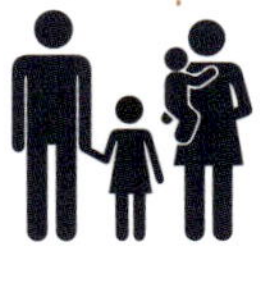

ALTER:

4+

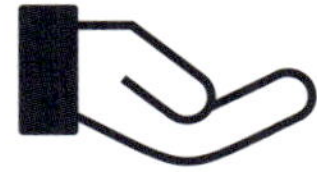

AUSRÜSTUNG:

Warme Kleider, stabile Schuhe

Überblick:

Als Teil des als Schweizer Réduit bekannten Verteidigungssystems gegen ausländische Invasionen entwarf die Regierung einen Plan, der zum Bau von Bunkern, Befestigungen und Barrikaden im ganzen Land führte. Vor und während des Zweiten Weltkriegs wurden immer mehr Bauten errichtet, u. a. an mehreren versteckten Bergorten. Das Unternehmen Tannenbaum, ein deutscher Invasionsplan während des Zweiten Weltkriegs, wurde aber zum Glück nie durchgeführt.

Der Hauptzweck des Schweizer Réduit bestand darin, vorrückende Angreifer aufzuhalten und die Bergregion zu sichern, indem der Zugang über (und durch) die Alpen verhindert wurde. An mehreren Orten wurden beispielsweise Verteidigungsanlagen gebaut, die wie Bauernhäuser oder andere normale Gebäude aussehen. Heute sind viele von ihnen zugänglich und es werden Führungen angeboten, die zeigen, wie es in diesen ungewissen Zeiten aussah.

Eine der grössten Festungsanlagen der Schweiz, die Festung Sasso da Pigna, befindet sich auf dem Gotthardpass und ist heutzutage als Museum unter dem Namen Sasso San Gottardo bekannt. Dieses ausgedehnte Netz von Tunneln, Einrichtungen und Eisenbahnversorgungslinien ermöglichte dem Schweizer Militär einen guten Überblick über beide Seiten des Passes. Die in der Festung versteckten Kanonen konnten Ziele in über 23 km treffen!

Diese beeindruckende Tour führt Sie durch das Innere der Alpen. Wenn Sie sich für die Geschichte der Schweiz interessieren oder einfach nur neugierig sind, was unter der Oberfläche des Landes liegt, ist dies ein grossartiges Abenteuer für Sie.

Von der Busstation Gotthard Passhöhe aus folgen Sie der Kopfsteinpflasterstrasse, die rechts um den kleinen See herum zum Eingang des Sasso San Gottardo führt. Wenn Sie mit dem Auto anreisen, fahren Sie die Tremolastrasse (die alte Passstrasse über den Gotthard) bis Airolo hinunter. Vergessen Sie nicht, eine Pause für die Aussicht einzulegen! Wenn Sie in die andere Richtung fahren, machen Sie auf dem Weg nach Luzern einen Halt an der Teufelsbrücke nördlich von Andermatt.

Tipps:

- Der Gotthardpass ist wetterbedingt nur von Juni bis Oktober geöffnet.
- Es kann sein, dass der Bus von Andermatt oder Airolo Anfang Juni noch nicht fährt.
- Eine geführte oder erweiterte Tour, die mehr Bereiche im Inneren der Festung zugänglich macht, kann für einen Aufpreis gebucht werden. Teilweise ist eine Mindestteilnehmerzahl von acht Personen erforderlich.
- Im Museum Sasso San Gottardo finden verschiedene Ausstellungen statt. Informieren Sie sich auf der Website über das aktuelle Angebot.
- Die Temperaturen in der Festung liegen zwischen 6 und 18 °C.
- Das Parkieren vor der Festung ist während des Besuchs kostenlos.
- Haustiere sind in der Festung nicht erlaubt.

Kontakt:

Fondazione Sasso San Gottardo
Via della Stazione 4
6780 Airolo
+41 84 411 66 00
info@sasso-sangottardo.ch
sasso-sangottardo.ch

Weitere Optionen:

- **Festungsmuseum Reuenthal, Full-Reuenthal, AG** (festungsmuseum.ch)
- **Fortifikation Hauenstein, Langenbruck, BL** (fortifikation-hauenstein.ch)
- **Bunker Fischbalmen Beatenbucht, Sigriswil, BE** (bunker-fischbalmen.ch)
- **Festung Vitznau, LU** (festung-vitznau.ch)
- **Festung Albula, Bergün, GR** (festung-albula.ch)
- **Festungsmuseum Crestawald, Sufers, GR** (crestawald.ch)
- **Zivilschutzanlage Sonnenberg, Kriens, LU** (unterirdisch-ueberleben.ch)
- **Festung Mondascia, Biasca, TI** (fortemondascia.ch)
- **Simplonfestung Naters, VS** (simplonfestungnaters.ch)
- **Festung St-Maurice, Saint-Maurice, VS** (forteresse-st-maurice.ch)

Via Ferrata Diavolo

KANTON:
Uri

ORT:
Andermatt

START- UND ENDPUNKT:
Andermatt

3–5
STUNDEN

SCHWER

Beste Zeit im Jahr:
JUNI–OKTOBER

ALTER:
14+

AUSRÜSTUNG:
Wanderschuhe,
Kletterausrüstung

Überblick:

Via ferrata bedeutet auf Italienisch »Eisenweg«. Diese Klettersteige in den Alpen bestehen aus festen Griffen, Metallseilen und manchmal aus Leitern und Tritten. Es gibt etwa 35 Klettersteige in der Schweiz. Alle sind sowohl körperlich als auch mental anspruchsvoll.

Klettersteige sollten nur von Personen begangen werden, die über Erfahrung im Klettern, mentale Stärke und ausreichend körperliche Kraft verfügen. Die Via Ferrata Diavolo ist als K2 eingestuft (auf der sechsteiligen Skala gilt K1 als leicht und K6 als extrem schwierig), was ihn zum idealen Klettersteig für Einsteiger und Einsteigerinnen macht, auch wenn dafür etwas Geschick benötigt wird.

Dieser Aufstieg mit malerischer Aussicht auf die Reuss und die Teufelsbrücke beginnt auf 1400 m und endet auf etwa 1850 m. Vom Bahnhof Andermatt folgen Sie der Bahnhofstrasse bis zur Gotthardstrasse und biegen links ab. Folgen Sie den Wegweisern in Richtung Teufelsbrücke. Diese führen Sie schliesslich entlang der Reuss. Wenn Sie Ausrüstung mieten möchten, schauen Sie beim Sportgeschäft Imholz Sport in der Nähe des Kreisverkehrs an der Piazza Gottardo im Innenhof auf der anderen Seite des Radison Blu Hotels vorbei.

Der Weg bis zum Klettersteig führt weiter die Gotthardstrasse hinunter und kreuzt mehrmals die Strasse, bevor er bei der Teufelsbrücke ankommt. Gleich nach dem Restaurant Teufelsbrücke sollte der Klettersteig ausgeschildert sein. Steigen Sie am Einstieg ein und erklimmen Sie die Felswand mit Hilfe der Griffe und Fusssprossen. Die Aussicht von der Granitwand der Schöllenenschlucht ist beeindruckend.

Oben angekommen, können Sie die Aussicht geniessen, bevor Sie zum Ende des Klettersteigs kommen. Der Ausstieg erfolgt auf einer alpinen Route, die sich dann mit dem Hauptwanderweg für den etwa 3,6 km langen Abstieg bis Andermatt verbindet. Sie befinden sich dann an der Sesselliftstation gegenüber dem Bahnhof Andermatt. Wenn Sie lieber mit dem Sessellift hinunterfahren möchten, sind es vom Klettersteigausstieg ca. 2,4 km bis zur Nätschen-Sesselliftstation.

Eine Via Ferrata sollte nie ohne allgemeine Kletterkenntnisse bestiegen werden. Ausserdem empfehlen wir dringendst, einen Kurs mit einem ausgebildeten Profi zu besuchen, um sich mit der Ausrüstung, dem erforderlichen Können und der Höhe vertraut zu machen. Wenn Klettersteige etwas Neues für Sie sind, sollten Sie einen ausgebildeten Guide engagieren.

Tipps:

- Bringen Sie Ihre eigene Ausrüstung mit oder mieten Sie diese (Klettergurt, Klettersteigset, Helm und Handschuhe). Der Preis dieses Abenteuers hängt von der benötigten Ausrüstung ab.
- Unterschätzen Sie niemals die Geschicklichkeit und Kondition, die für das Besteigen eines Klettersteigs erforderlich ist.
- Begehen Sie die Route nie bei nassem oder schlechtem Wetter.
- Nehmen Sie sich Zeit und vergewissern Sie sich, dass Ihre Karabiner immer gut gesichert sind!
- Die Region um die Via Ferrata Diavolo ist zwischen Dezember und April geschützt und darf nicht begangen werden.
- 200 m vom Einstieg der Via Ferrata Diavolo entfernt befindet sich ein militärischer Klettersteig. Der Militärklettersteig darf von der Zivilbevölkerung nicht begangen werden.
- Wichtige Tipps und die Kategorisierung der Schweizer Klettersteige finden Sie auf der Website des Schweizer Alpen-Clubs (sac-cas.ch).
- Lesen Sie das Helvetiq-Buch *Via Ferrata* von Florian Müller & Sébastian Anex, das 30 Klettersteige in der Schweiz für alle Niveaus vorstellt.

Kontakt:

Imholz Sport Piazza Gottardo
Furkagasse 2
6490 Andermatt
+41 41 880 70 60
andermatt@imholzsport.ch
imholzsport-andermatt.ch

Weitere K2-Optionen:

- Rotsbisck, Grindelwald, BE
- Einsteiger- und Kinderklettersteig, Braunwald, GL
- Via Ferrata Pinut, Flims, GR
- Sulzfluh, St. Antönien, GR
- Via Ferrata Belvédère, Nax, VS
- Mini-Klettersteig, Saas-Grund, VS
- Sportklettern im Saastal, Saas Fee, VS (saas-fee.ch)
- Rougemont, Château-d'Oex, VD

Eine Wanderung, die alles bietet

KANTON:
Wallis

ORT:
Fiesch

START- UND ENDPUNKT:
Belalp

6
STUNDEN

MITTEL

Beste Zeit im Jahr:
JUNI–OKTOBER

ALTER:
10+

AUSRÜSTUNG:
Wanderschuhe, Sonnenschutz, Wasser!

Überblick:

Manche Wanderungen sind das reinste Vergnügen und das hier ist genau so eine. Diese anspruchsvolle, aber malerische Ganztageswanderung ist die Anstrengung wert. Sie folgt dem Aletsch-Panoramaweg Route 39, das Gebiet gehört zum UNESCO-Welterbe.

Biegen Sie bei der Liftstation Belalp rechts ab, bergauf in Richtung Hotel Belalp. Nehmen Sie sich die Zeit, um die malerische Kapelle Alteschbord auf einem nahe gelegenen Hügel zu besichtigen. Wenn Sie dem Weg den Berg hinunter folgen und die Route offiziell beginnen, ist die Versuchung gross, alle paar Meter stehenzubleiben und ein Foto zu knipsen.

In Belalp angekommen, nähert man sich einem Aussichtspunkt, von dem aus man das Tal mit dem beeindruckenden Aletschgletscher überblickt. Auf der linken Seite führt ein weiss-rot-weisser Weg bis zur Hängebrücke Belapl-Riederalp, einem der Höhepunkte dieser Wanderung. Diese Hängebrücke ist ziemlich eindrücklich: 124 m lang und 80 m hoch über der Massaschlucht. Halten Sie in der Mitte inne und lassen Sie die prächtige Umgebung auf sich wirken. Lassen Sie Ihren Blick talaufwärts und talabwärts schweifen, bis hinunter in die Schlucht unter Ihnen. Die Brücke ist breit und eine Meisterleistung der Ingenieurskunst.

Es geht weiter stetig bergauf, über felsige Pfade, durch Wälder und herrliche Landschaften in Richtung Rieder Furka und dann zur Riederalp, wo sich eines der beiden Pro-Natura-Zentren der Schweiz befindet. Pro Natura besteht seit über 100 Jahren und setzt sich für den Schutz der Schweizer Natur ein. Es lohnt sich, diese Organisation zu unterstützen, falls Sie dies nicht bereits tun.

Der Pro-Natura-Standort im Wallis befindet sich in der Villa Cassel, einem imposanten Gebäude. Dieser schöne Ort ist einen Besuch wert und das Museum im Keller des Gebäudes bietet Unmengen an Information. Das Zentrum gehört seit 1933 zu Pro Natura und bietet Veranstaltungen und Führungen in der Gegend an. Wenn Sie eine Mahlzeit, einen Kaffee oder eine einzigartige Übernachtungsmöglichkeit suchen, empfehlen wir die Villa Cassel wärmstens.

Nach dem Besuch fahren Sie mit den Bergbahn Riederalp West oder Riederalp Mitte bis ans Ziel. Wanderungen wie diese sind wunderschöne Perlen, die bemerkenswerte Natur, Abenteuer und die Chance, die Umwelt besser zu verstehen, vereinen.

Wegabschnitte:

Belalp → Hotel Belalp → Hirmi → Licka → Nilti → Aletschji → Leng Acher → Teife Wald → Rieder Furka → Riederalp West

Tipps:

- **Machen Sie entlang der Strecke ein Picknick. Wenn Sie Glück haben, gesellen sich vielleicht sogar die Ziegen in der Nähe der Hängebrücke zu Ihnen.**
- **Packen Sie genug Wasser und Essen für den ganzen Tag, Kleider zum Schichten und einen Erste-Hilfe-Kasten ein.**
- **Betreten Sie diese Route niemals bei schlechtem Wetter.**
- **Kinder, die diese Wanderung unternehmen, sollten daran gewöhnt sein, lange Strecken zu gehen.**

Kontakt:

Pro Natura Zentrum Aletsch
Villa Cassel
3987 Riederalp
+41 27 928 62 20
aletsch@pronatura.ch
pronatura-aletsch.ch

Weitere Optionen:

+ Triftbrücke, Gadman, BE
+ Handeckfallbrücke, Guttannen, BE
+ Bhutanbrücke, Leuk, BE
+ Titlis Cliff Walk, Engelberg, OW
+ Fussgängerhängebrücke Raiffeisen Skywalk, Sattel, SZ
+ Ponte Tibetano Carasc, Belinzona, TI
+ Hängebrücke Fürgangen – Mühlebach, Bellwald, VS
+ Charles Kuonen Hängebrücke, Randa VS
+ Hängebrückenweg Furi, Zermatt, VS

Aletschgletscher-Tour

KANTON:
Wallis

ORT:
Fiesch

START- UND ENDPUNKT:
Fiesch Talstation

6
STUNDEN

SCHWER

Beste Zeit im Jahr:
JUNI–OKTOBER

ALTER:
10+

AUSRÜSTUNG:
Wanderschuhe, Sonnenschutz

Überblick:

Der mächtige Aletschgletscher ist ein unglaublicher Anblick. Mit seinen 20 km ist er der längste Gletscher Europas und Tausende von Jahren alt. Während Sie den Gletscher von drei Hauptaussichtspunkten aus betrachten können (Bettmerhorn, Eggishorn und Moosfluh), ist es noch mal etwas anderes, ihn zu Fuss zu erleben.

Der Aletschgletscher ist Teil des UNESCO-Welterbes Jungfrau-Aletsch. Treffen Sie Ihren Guide und den Rest der Gruppe zur vereinbarten Zeit am vereinbarten Treffpunkt in der Gondelstation Fiesch. Nach dem Sie für die geführte Tour bezahlt haben, fahren Sie mit der Gondel und treffen sich oben bei der Station Fiescheralp wieder. In der Gletscherstube Märjelen holen alle ihre Ausrüstung (Steigeisen und Klettergurt) ab (hier kann man sich nach der Wanderung auch mit Kaffee und Kuchen stärken), bevor es hinunter auf den Gletscher geht.

Einmal auf dem Eis, erhält man schnell das Gefühl, dass der Gletscher ein Eigenleben hat. Prächtige blaue Farben und Gletscherspalten sorgen für ein aufregendes Abenteuer. Ihr Guide vermittelt Ihnen alle notwendigen Sicherheitsinformationen und interessante Fakten. Der Gletscher bewegt sich etwa 100 m pro Jahr, das sind über 25 cm pro Tag! Versuchen Sie, den Bewegungen des Gletschers zu lauschen: Wenn er knackt und ächzt, klingt es manchmal wie ein Steinschlag.

Leider stehen die Gletscher der Schweiz unter grossem Druck. Wir hoffen, dass das Erfahren solch gewaltiger Kräfte eines Gletschers unter den Füssen die Menschen zum Handeln anregt. Der Klimawandel hat eine beträchtliche Wirkung auf den Aletschgletscher, wie auf viele andere Gletscher in den Alpen auch. Das Pro Natura Zentrum berichtet, dass der Aletschgletscher jedes Jahr bis zu 50 m Länge verliert. Werden Sie Mitglied von Pro Natura (pronatura.ch) oder unterstützen Sie die Gletscherinitiative (gletscher-initiative.ch).

Tipps:

- **Auf dem Gletscher weht oft ein kalter Wind. Ziehen Sie sich dementsprechend an.**
- **Nehmen Sie genug Wasser, Mittagessen und Snacks mit. Es wird auf dem Gletscher gegessen.**
- **Gehen Sie nie ohne Guide auf den Gletscher.**
- **Wenn Ihnen dieses Erlebnis gefällt, können Sie auch eine erweiterte Variante davon machen: eine zweitägige geführte Überquerung vom Jungfraujoch aus, mit Übernachtung in der historischen Konkordiahütte, bis zur Fiescheralp (aletscharena.ch).**
- **Es gibt auch eine anspruchsvolle geführte Viertagestour vom Jungfraujoch über mehrere Gletscher bis zum Grimsel Hospiz, BE (outdoor.ch).**
- **Wenn Sie in der Gegend sind, besuchen Sie auf einem separaten Ausflug die Gletscherwelt Bettmerhorn. Der Eintritt ist frei und es gibt ein Museum.**

Kontakt:

Bergsteigerzentrum Aletsch
Fieschertalstrasse 1
3984 Fiesch
+41 27 971 17 76
info@bergsteigerzentrum.ch
bergsteigerzentrum.ch

Weitere Optionen:

- **Gauligletscher, BE** (gaulihuette.ch)
- **Gletscherwanderung Diavolezza Morteratsch, GR** (corvatsch-diavolezza.ch)
- **Rhonegletscher, VS** (gletscher.ch; zermattersalpineschool.ch)
- **Zinalgletscher, VS** (valdanniviers.ch)
- **Gornergletscher und Monte-Rosa-Hütte, VS** (zermatters.ch)
- **Eispavillon Mittelallalin, über Saas-Fee, VS** (saas-fee.ch)

LAC
SOUTERRAIN
ST LÉONARD

Auf einem unterirdischen See

KANTON:
Wallis

ORT:
St-Léonard

START- UND ENDPUNKT:
Le Lac

45
MINUTEN

EINFACH

Beste Zeit im Jahr:
MÄRZ–NOVEMBER

ALTER:
4+

AUSRÜSTUNG:
Warme Jacke, stabile Schuhe

Überblick:

Unterhalb der üppigen Weinberge des hübschen Dorfes Saint-Léonard befindet sich ein unterirdischer See, der bereits seit mehr als 70 Jahren für die Öffentlichkeit zugänglich ist. Als 1946 ein schweres Erdbeben die Gegend erschütterte, senkte sich der Wasserspiegel und gab den Zugang zu diesem bezaubernden und wunderschönen See frei.

Mehrere Treppen führen Sie hinunter zum See, wo Sie eine 30-minütige geführte Bootstour unternehmen können. Während Ihr Guide Ihnen diese einzigartige Umgebung näherbringt, werden Sie von dem kristallklaren, 10 °C kalten Wasser verzaubert sein. Es ist so rein, dass man es trinken könnte! Forellen sind inzwischen feste Bewohnerinnen des Sees und können vom Boot aus beim Schwimmen knapp unter der Wasseroberfläche beobachtet werden. Am Ufer dieses einzigartigen Sees wird bis heute der lokale Weisswein aufbewahrt und reifen gelassen.

Die Geologie der Gegend ist beeindruckend: Die Höhle besteht vor allem aus Marmor, Gips und Schiefer. Wegen der Schneeschmelze in den Alpen ist der Wasserstand im Frühling höher und sinkt, wenn der Sommer ins Tal einzieht. Bis heute ist Lac Souterrain de Saint-Léonard einer der grössten unterirdischen Seen in ganz Europa. In den letzten Jahren war der Wasserstand aufgrund von Dürreperioden in der Region relativ niedrig.

Saint-Léonard und sein unterirdischer See sind ein wahres Spektakel und sicherlich einen Besuch wert.

Tipps:

- **Von der Bushaltestelle aus folgen Sie den Schildern in Richtung Lac Souterrain.**
- **Die Eintrittskarten sind vor dem Besuch online zu kaufen.**
- **Treffen Sie 15 Minuten vor der vereinbarten Startzeit ein.**
- **Alle Führungen werden in drei Sprachen angeboten: Deutsch, Französisch und Englisch.**
- **In den Höhlen ist es kühl. Packen Sie warme Kleidung ein.**
- **Vor Ort gibt es ein Restaurant und eine Toilette.**

Kontakt:

Lac Souterrain de Saint-Léonard
Case postale 75, Rue du Lac 21
1958 Saint-Léonard
+41 27 203 22 66
admin@lac-souterrain.com
lac-souterrain.com

Weitere Optionen:

- Gerne würden wir Ihnen Informationen zu weiteren unterirdischen Seen in der Schweiz geben, aber dieser ist wirklich einzigartig. Um mehr über Höhlen zu erfahren, besuchen Sie die Höllgrotten (S. 183) oder die St. Beatushöhlen in Sundlauenen, BE. (beatushoehlen.swiss)

Schwarznasenschafe und Seilbahnen

KANTON:
Wallis

ORT:
Zermatt

START- UND ENDPUNKT:
Gornergrat

1 TAG

MITTEL

Beste Zeit im Jahr:

JUNI–SEPTEMBER

ALTER:

5+

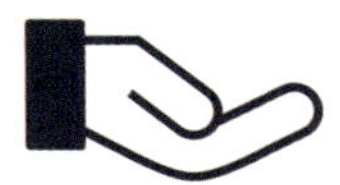

AUSRÜSTUNG:

Wanderschuhe

Überblick:

Zermatt ist für seine herzigen Walliser Schwarznasenschafe berühmt. Lernen Sie diese liebenswerten Tiere besser kennen, indem Sie mit dem Zug von Zermatt bis Gornergrat fahren und da den »Meet the Sheep«-Themenweg entlangspazieren. Es gibt elf Informationsstationen (mit QR-Codes für mehr Fakten und Videos) über diese freundlichen Schäfchen.

Die Route ist mit einer Gesamtlänge von etwas mehr als 5,5 km als mittelschwer eingestuft. Planen Sie etwa zwei Stunden oder mehr ein, um die Wanderung bergab zu bewältigen. Der Abstieg beträgt etwa 600 Höhenmeter, daher sind gute Wanderschuhe von Vorteil. Die Wanderung wird Sie zum Bahnhof Riffelberg führen.

Von Juni bis September können Sie mit Hilfe eines GPS-Ortungssystems (vergessen Sie Ihr Handy nicht) die Schafe und ihre Schäferin ausfindig machen. Die Schafe sind zwar so freundlich wie Hunde, trotzdem sollten Sie sie auf keinen Fall füttern.

Wenn Sie die Schafe gesehen haben, machen Sie sich bereit für ein spannendes Abenteuer im Hochseilgarten Forest Fun Park. Machen Sie sich vom Bahnhof Zermatt aus auf den Weg zur Gondelstation Zermatt. Der Park befindet sich direkt hinter und unterhalb der Station und ist nicht nur ein Riesenspass für alle, die ihre Kletter- und Zip-Line-Fähigkeiten auf die Probe stellen wollen, sondern bietet auch eine atemberaubende Aussicht auf das Matterhorn, die umliegenden Alpengipfel und den Fluss Mattervispa.

Tipps:

- **GPS-Signal zur Ortung der Schafe unter sheep.gornergrat.ch (Klicken Sie auf das Schaf-Symbol links auf der Karte).**
- **Helme, Handschuhe und ein Klettergurt werden im Forest Fun Park zur Verfügung gestellt.**
- **Bevor Sie sich auf die Parcours im Seilpark begeben, findet eine Schulung statt. Vorkenntnisse sind nicht erforderlich.**
- **Das maximale Gewicht für den Seilpark beträgt 120 kg.**
- **Gruppen von zehn oder mehr Personen müssen im Voraus reservieren.**
- **An den Bahnhöfen und im Forest Fun Park gibt es Schliessfächer, Toiletten, Verpflegungsmöglichkeiten und einen Picknickplatz.**

Kontakt:

Schwarznasenschaf-Themenweg
(gornergrat.ch)

Forest Fun Park Zermatt
Steckenstrasse 110
3920 Zermatt
+41 27 968 1010
forestfunpark@gmail.com
zermatt-fun.com

Weitere Optionen:

- Ein weiteres tierisches Abenteuer in diesem Buch: die Steinbocktour in Pontresina, GR (S. 117)
- Kronberg Zipline-Park, Jakobsbad, AI
- Adventure Park Adelboden, BE
- Zipline Pradaschier, Churwalden, GR
- Parc Aventure Chaumont, Neuenburg, NE
- Adventure Park Rheinfall, Neuhausen am Rheinfall, SH
- Sternensauser Seilrutsche, Hoch-Ybrig, SZ
- Flying Fox, Morschach, SZ
- Adventure Park Gordola, TI
- Monte Tamaro Zipline, Rivera, TI
- Woufline de la Breya, Champex-Lac, VS
- Grande Dixence AlpinLine, Lac des Dix, VS
- Charmey Aventures, Val-de-Charmey, VD

Höllgrotten

KANTON:
Zug

ORT:
Baar

START- UND ENDPUNKT:
Tobelbrücke-Höllgrotten

2–4
STUNDEN

EINFACH

▶ ▶ ▶ Beste Zeit im Jahr:

APRIL–OKTOBER

ALTER:
6+

AUSRÜSTUNG:
Wasserdichte Jacke, stabile Schuhe

Überblick:

Dieses Abenteuer ermöglicht Ihnen einen Blick in die einzigartige Welt der Höhlen. Entdecken Sie ein unterirdisches Universum! Die Schweiz ist reich an Höhlen und die Höllgrotten sind eine echte Sehenswürdigkeit. Die Tropfsteinformationen sind über Tausende von Jahren entstanden und seit 1887 zugänglich.

Entdeckt wurden die beiden Höhlen beim Bau der Eisenbahn in der Region, dessen Arbeiten nach der Entdeckung sofort eingestellt wurden. Das ausgedehnte Höhlensystem ist heute dank eines 1917 errichteten Verbindungsschachtes zwischen den Höhlen für Besucherinnen und Besucher voll zugänglich.

Die Höllgrotten nehmen ihre Besucher und Besucherinnen mit auf eine unvergessliche Reise durch von trüben Seen umrahmte Stalagmiten und Stalaktiten. Eines der spektakulärsten Elemente hier ist die künstliche Beleuchtung. Kräftige Farben wie Violett, Blau, Rosa und Grün machen die Erkundung zu einem wahren Vergnügen. Schnappen Sie sich den Audioguide und erfahren Sie mehr über die Entstehung der Höhlen und die faszinierende Geologie der Gegend.

Die Region um Baar bietet reichlich Aktivitäten wie Velofahren (Seeroute 7), Wanderungen, Grillieren und Schwimmen in der Lorze. So ist es einfach, einen abenteuerlichen Tagesausflug zu planen!

Die Höhlen sind von der Bushaltestelle Tobelbrücke-Höllgrotten aus in 25 Minuten zu Fuss erreichbar. Wenn Sie es noch abenteuerlicher mögen, können Sie sich in Zugerberg ein Trottinett mieten und die ca. 2-stündige Fahrt bis zu den Höhlen antreten (rother-events.ch/trotti-buchen). Die Höhlen sind auch von Baar aus einfach zu Fuss und per Velo erreichbar. Für Velovermietungen wenden Sie sich an Zug Tourismus. Kostenlose Parkplätze gibt es am Lorzendamm 28, 6340 Baar. Stellen Sie sich aber darauf ein, dass Sie von da noch 3 km bis zu den Höhlen durch den Wald gehen müssen.

Tipps:

- **In den Höhlen liegen die Temperaturen um die 10 °C.**
- **Es werden geführte Touren angeboten.**
- **Vor Ort befinden sich Toiletten und ein Kiosk.**

Kontakt:

Höllgrotten Baar
6340 Baar
+41 41 761 83 70
info@hoellgrotten.ch
hoellgrotten.ch

Weitere Optionen:

- **Grottes de Réclère, Réclère, JU** (prehisto.ch)
- **Moulins souterrains, Col-des-Roches, NE**
- **Kristallhöhle Kobelwald in der Nähe von Oberriet, SG** (kristallhoehle.ch)
- **Hölloch, Muotathal, SZ** (trekking.ch/hoelloch)
- **Grotten von Vallorbe, Vallorbe, VD** (grottesdevallorbe.ch)
- **Feengrotte, Saint-Maurice, VS** (grotteauxfees.ch)

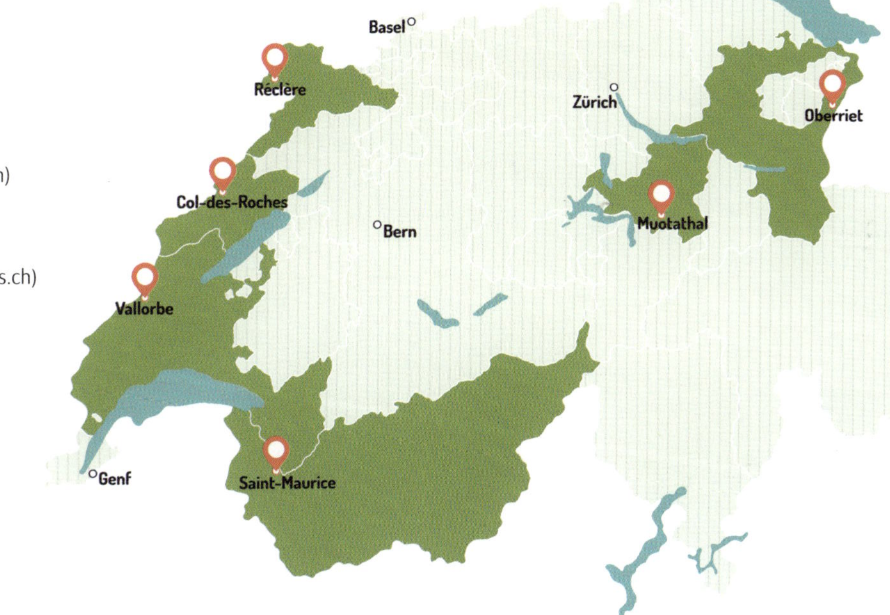

9

Discgolf

1,5
STUNDEN

EINFACH

▶ ▶ ▶ Beste Zeit im Jahr:

JUNI–OKTOBER

ALTER:

5+

AUSRÜSTUNG:

Kopfbedeckung, Sonnenbrille, stabile Schuhe

Überblick:

Dank Discgolf kann sich ein einfacher Spaziergang in ein wildes Abenteuer verwandeln. Dieser Sport wurde im Jahr 1976 in den USA von Ed Headrick erfunden und patentiert. Ursprünglich wurde Discgolf ganz einfach gespielt, indem man Frisbees in oder auf zufällige Ziele warf.

Ähnlich wie beim herkömmlichen Golf ist das Ziel dieses Spiels relativ simpel: das Frisbee (den Ball) in den Metallkorb (das Loch) zu befördern. Das Geräusch, wenn ein Frisbee die Metallketten trifft, kann ganz schön süchtig machen. Uns hat der Sport auf jeden Fall gepackt!

Bei einem Discgolf-Match gibt es normalerweise neun oder 18 Körbe. Auf Ihrer Punktekarte (wird mit dem Rest der Ausrüstung gemietet) steht jeweils die Entfernung und »Par«, oder die Anzahl der erforderlichen Würfe, für jedes Loch. Machen Sie sich keine Sorgen, wenn Sie mehr Würfe als vorgesehen brauchen. Die Lernkurve ist bei diesem Sport relativ steil!

Das Gelände, auf dem Discgolf gespielt wird, hat nichts mit einem herkömmlichen Golfplatz zu tun. Jeder Platz ist einzigartig. Er könnte bewaldet, wild oder hügelig sein, mit Hindernissen, die das Werfen des Frisbees umso spannender machen. Die Person oder das Team mit den wenigsten Würfen gewinnt. So einfach ist das.

In der Schweiz gibt es über 50 Discgolf-Plätze, was diesen preiswerten Sport für viele zugänglich macht.

Tipps:

- **Dieser Sport ist recht kompetitiv. Machen Sie sich bereit, Ihr Können zu verbessern!**
- **Discgolf kann alleine oder in Gruppen gespielt werden: Sie entscheiden!**
- **Planen Sie eineinhalb Stunden oder mehr für einen Platz mit neun Löchern ein.**
- **Ein Discgolf-Frisbee unterscheidet sich deutlich von einem normalen Frisbee.**
- **Es besteht die Möglichkeit, dass Sie Ihr Frisbee verlieren. Sorgen Sie dafür, dass Sie jemanden mit guten Augen in der Gruppe haben!**
- **Nehmen Sie genügend Wasser und Snacks mit, falls Sie länger unterwegs sind.**
- **Das ganze Jahr über werden Turniere abgehalten.**

DiscGolf

Weitere Optionen:

- Disc Golf Pruntrutermatte, Basel, BS
- Discgolf-Parcours Gurten, Köniz, BE
- Discgolf-Parcours Alterswil, FR
- Discgolf-Parcours Sarasin, Grand-Saconnex, GE
- Discgolf-Parcours Filzbach, GL
- Disc Golf Davos, GR
- Discgolf-Parcours Stans, LU
- Discgolf-Parcours Neuenburg, Parc de Pierre-à-Bot, Neuenburg, NE
- Disc Golf Pizol, Bad Ragaz, SG
- Lila Disc Golf, Hofstetten-Flüh, SO
- Nationales Jugendsportzentrum, Tenero-Contra, TI
- Discgolf-Parcours Weinfelden, TG
- Disc Golf Loëche-les-Bains, Leukerbad, VS
- Disc Golf Pays-d'Enhaut, Chateau d'Oex, VD
- Disc Golf Mattenhof, Zürich, ZH

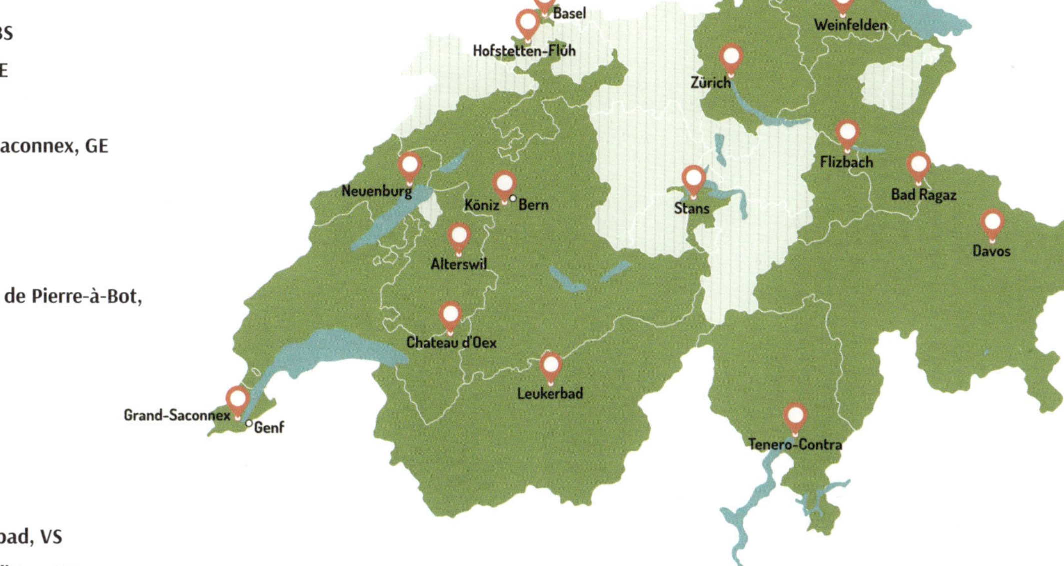

WER SOLL ABENTEURER:IN DES 21. JAHRHUNDERTS WERDEN?

21 ST CENTURY ADVENTURER

EOFT

Der 21st Century Adventurer Award ist mit einem Preisgeld von 10.000 Euro dotiert, das von Land Rover zur Verfügung gestellt wird und als Budget für die nächste Expedition verwendet werden kann.

DIE NOMINIERTEN

LOR SABOURIN
KLETTER*IN UND COACH

JADE HAMEISTER
POLARABENTEURERIN

JONAS DEICHMANN
ABENTEURER UND EXTREMSPORTLER

PASANG LHAMU SHERPA AKITA
ALPINISTIN UND BERGFÜHRERIN

DANNY MACASKILL
STREET TRIALS U
MOUNTAINBIKEP

JETZT VOTEN UND GEWINNEN:

In der EOFT-App könnt ihr abstimmen und selbst ein Abenteuer mit Land Rover gewinnen: ein unvergessliches Fahrtraining im Land Rover Experience Center!
Weitere Informationen findet ihr in unserer App und unter landrover-experience.com

European Outdoor Film Tour

2–3 STUNDEN

EINFACH

Beste Zeit im Jahr:

NOVEMBER–MÄRZ

ALTER:

10+

AUSRÜSTUNG:

bequeme Kleider

Kontakt:

ch.eoft.eu

Überblick:

Die European Outdoor Film Tour (EOFT) ist die perfekte Veranstaltung, um sowohl Extrem- als auch Alltagssportler aus aller Welt zu bestaunen. Die Filmtour gibt es seit 2001, sie wurde vom Münchner Unternehmen Moving Adventures Media ins Leben gerufen.

Die EOFT findet in den grösseren Städten der Schweiz und Europa statt. Jedes Jahr werden Protagonisten verschiedenster Outdoor-Disziplinen vorgestellt. Die Zuschauer erhalten einen hautnahen und persönlichen Einblick in das Leben der porträtierten Sportler und Sportlerinnen. Dadurch, dass man ihre persönlichen Geschichten erfährt, kann man besser verstehen, was sie motiviert, ihre hohen Ziele zu erreichen. Dieses Filmfestival macht Lust darauf, mehr Zeit im Freien zu verbringen.

Im Laufe des Abends werden mehrere Filme gezeigt. Die Filme sind spektakulär und die Geschichten der Athleten inspirierend: Der Abend ist unvergesslich. Die Athleten trotzen dem Unmöglichen und gehen an ihre persönlichen Grenzen, um ihre kühnsten Träume zu erfüllen. Wirklich unglaublich!!

Wenn Sie Abenteuer in Ihrem Leben brauchen oder einfach von einigen der inspirierendsten Athletinnen und Athleten der Welt lernen wollen, tun Sie sich den Gefallen und besuchen Sie diese grossartige Filmtour. Es ist zwar schade, dass wir die EOFT erst 2022 entdeckt haben, aber wir werden auf jeden Fall wieder gehen!

Tipps:

- **Seien Sie frühzeitig da, um sich die besten Plätze zu sichern. An den Veranstaltungsorten gibt es keine zugewiesenen Plätze.**
- **Die Veranstaltung dauert mehrere Stunden mit einer kurzen Pause. Essen und Getränke sind erhältlich.**
- **Die Athleten erleben einige echte Abenteuer! Es ist mit derber Sprache zu rechnen.**
- **Für Untertitel zu den Filmen kann eine App heruntergeladen werden. Diese Informationen werden von EOFT bereitgestellt.**
- **Der Event-Soundtrack ist auf der EOFT-Website erhältlich. Es ist eine tolle Auswahl an Musik!**

EOFT
EUROPEAN OUTDOOR FILM
KLETTERPARTIE
DIE BRIDGE BOYS
& DIE KUNST
DER FUGE
SATTELFEST
MOUNTAINBIKER
GIFT PUTEHO
NOURIA NEWMAN
PADDELN IN
PERFEKTION
TERREX
EOFT
ABENTEUER
SPITZBERGEN
EIN SKITRIP
INS REICH
DER ROBBEN
ZÄH AUF ZEIT
ULTRARUNNER
TIMOTHY OLSON
PRODUCED BY
Guarda
Ardez

Geocaching

HÄNGT VOM PARCOURS AB

EINFACH

Beste Zeit im Jahr:

GANZJÄHRIG

ALTER:

5+

AUSRÜSTUNG:

Stabile Schuhe, Handy, App, Powerbank

Kontakt:

 geocaching.com

 @GoGeocaching

 @geocaching

App Geocaching, Cachly, Adventure Lab

Überblick:

Was muss man sich unter Geocaching vorstellen? Wenn Sie noch nie davon gehört haben, wird Sie die Antwort überraschen. Geocaching ist für uns ein Outdoor-Abenteuer, das die Teilnehmenden zu Schätzen führt, die als Geocaches oder einfach Caches bekannt sind. Geocaches gibt es in allen möglichen Formen und Grössen und wenn man erst einmal von ihnen weiss, kann man sie überall entdecken. Geocaching ist eine beinahe weltweite Schatzsuche, die derzeit in über 190 Ländern stattfindet und bereits in den frühen 2000er-Jahren ihren Anfang nahm. Seitdem hat Geocaching viele Fans gewonnen.

Mithilfe eines Smartphones und einer App erhält man Hinweise, die zu offiziellen Geocaching-Logbüchern, kleinen Boxen oder Geocache-Schätzen führen. Sie können den Schwierigkeitsgrad des Verstecks, die Grösse des Caches, den Sie suchen, und das Gelände oder die Gegend, in der der Cache versteckt wurde, auf der App einstellen.

Geocaching ist ideal für alle, die gerne Zeit in der Natur verbringen, sich aber nach mehr als einem einfachen Waldspaziergang sehnen. Diese aufregenden Abenteuer führen Sie auf der Suche nach dem nächsten Schatz durch Wälder, über Hügel, an Seen entlang und durch Städte. Eine ideale Weise, um zu lernen, wie man navigiert und sich mit der Gegend, in der man lebt, besser vertraut machen kann!

Geocaching ist eine grossartige Gruppenaktivität, bei der Sie eine neue Stadt erkunden oder einfach an einem entspannten Sonntag die Seele baumeln lassen können. Freuen Sie sich auf Ihr nächstes Outdoor-Erlebnis mit Geocaching!

Tipps:

+ **Zum Spielen müssen Sie zunächst gratis ein Konto auf geocaching.com oder in einer der kostenlosen Apps erstellen.**
+ **Spielen Sie alleine, auf einem Date (coole Idee) oder in Teams.**
+ **Sobald Sie Ihren ersten Geocache gefunden haben, tragen Sie sich in das Logbuch ein und markieren so Ihren Fund online.**
+ **In manchen Fällen entdecken Sie vielleicht sogar einen kleinen Preis, der im Inneren des Caches versteckt ist. Wenn es eine Belohnung gibt, müssen Sie sie ersetzen.**
+ **Der nächsten Gruppe zuliebe hinterlassen Sie den Geocache immer genau so, wie Sie ihn aufgefunden haben.**
+ **Seien Sie bei der Suche in städtischen Umgebungen diskret! Warten Sie, bis niemand mehr in der Nähe ist, wenn Sie den Cache hervorholen. So helfen Sie mit, dass Fremde oder Nicht-Spieler den Cache nicht entfernen!**

Übernachtung unter freiem Himmel

START- UND ENDPUNKT:

Irgendwo über 2000 m

1 NACHT

MITTEL

▶▶▶ Beste Zeit im Jahr:

JUNI–SEPTEMBER

ALTER:

5+

AUSRÜSTUNG:

Wanderschuhe, Schlafsack, Zelt, Wasser, Essen, Erste-Hilfe-Set

Überblick:

Wildcamping hat einen besonderen Reiz. Unter dem Sternenhimmel zu schlafen, vermittelt ein Gefühl der totalen Freiheit, das einen nur überkommt, wenn sich die Nacht über die Alpen legt.

Bevor Sie dieses Abenteuer in Erwägung ziehen, sollten Sie sich über die Regeln und Gesetze informieren: Wildcamping oder Biwakieren ist grundsätzlich nicht illegal, aber auch nicht gerade beliebt. Wenn Sie vorhaben, zu Biwakieren, tun Sie dies bitte mit möglichst viel Respekt gegenüber der Natur und den Bewohnern der Umgebung.

Wir sind uns bewusst, dass Wildcamping in der Schweiz ein kontroverses Thema ist und empfehlen, nicht regelmässig wild zu zelten. Wir bemühen uns jedoch, die notwendigen Regeln für diejenigen aufzuführen, die aus Notwendigkeit oder Freude an dieser Art Abenteuer biwakieren möchten. Bitte benutzen Sie diese Liste als Leitfaden für eine angepasste Übernachtung in der freien Natur.

Der beste Tipp, den wir Ihnen zum Wildcamping geben können, ist, dies nur zu tun, wenn es unbedingt nötig ist. Die Schweiz verfügt über ein zuverlässiges Hüttensystem, also entscheiden Sie sich für eine der vielen (153 Schweizer Alpenvereins-) Hütten oder wunderschönen Berggasthöfe. Detaillierte Informationen über die Standorte der Hütten finden Sie in *Frischluftkinder Schweiz – Hüttenabenteuer* (Helvetiq).

Tipps:

- **Ihr Zelt dürfen Sie nur oberhalb der Baumgrenze, die bei etwa 2000 m liegt, aufstellen.**
- **Zelten Sie niemals in einem Wildschutzgebiet, in Nationalparks oder Naturreservaten.**
- **Jeder Kanton hat seine eigenen Regeln und Vorschriften für das Schlafen im Freien. Informieren Sie sich vor Ihrer Abreise!**
- **Wenn Sie in der Nähe einer Hütte oder eines Berggasthauses übernachten wollen, fragen Sie vorher um Erlaubnis.**
- **Machen Sie keine Lagerfeuer. Respektieren Sie alle Hinweisschilder in der Gegend.**
- **Vergraben Sie Ihre Fäkalien und urinieren oder waschen Sie sich niemals in der Nähe einer natürlichen Wasserquelle.**
- **Nehmen Sie alle Abfälle und andere Spuren Ihres Aufenthalts wieder mit nach Hause.**
- **Achten Sie auf einheimische Pflanzen und Tiere in der Umgebung und fügen Sie ihnen keinen Schaden zu.**
- **Veröffentlichen Sie Ihren Übernachtungsort nicht auf Social Media. Dies hilft, natürliche und wilde Gebiete zu schützen und zu erhalten.**

Erlaubte Campingplätze:

- **Eine umfassende Liste von Orten zum Campen in der Schweiz** (camping.info)
- **Campingplätze in der Schweiz, Deutschland und Österreich** (gocamping.ch)
- **TCS-Campingplätze** (tcs.ch)
- **Aaregg Familencampingplatz, Brienz, BE** (aaregg.ch)
- **Camping Seegärtli, Brienz, BE** (camping-seegaertli.ch)
- **Naturcampingplätze, GR** (graubuenden.ch)
- **Campen im Tessin, TI** (ticino.ch)
- **Yurten-Camping, Sufers, SZ** (zelter.ch)

WÜRTH
100
WÜR

32

Tour de Suisse

STUNDEN

EINFACH

Beste Zeit im Jahr:

JUNI

ALTER:

Alle

AUSRÜSTUNG:

Sonnen-/
Regenschutz

tourdesuisse.ch

Überblick:

Die Tour de Suisse wurde 1933 ins Leben gerufen. Sie ist damit nicht so alt ist wie die Tour de France und der Giro d'Italia, umfasst aber dennoch Zeitfahren und anstrengende Bergetappen. Die Teilnehmenden stammen aus mehr als zwei Dutzend Ländern und 2022 wurden zum ersten Mal in der Geschichte der Tour de Suisse auch Frauen zugelassen, was das Rennen nun zu einer inklusiven Veranstaltung macht.

Wenn Sie noch nicht in den Genuss der Dynamik und der Freude der Tour de Suisse gekommen sind, sollten Sie sich den Juni im Kalender vormerken! Zwar sind alle Teile wirklich inspirierend anzuschauen, aber unserer bescheidenen Meinung nach ist es der absolute Wahnsinn, wenn die Fahrer eine Etappe zu Ende fahren! Der Lärm und das »Hopp, hopp« der jubelnden Menge sind ansteckend. Bringen Sie eine Kuhglocke oder eine Hupe mit und feuern Sie die Fahrerinnen und Fahrer an, wenn diese über die Zielgerade sprinten.

Die Strecke der Tour de Suisse ist jedes Jahr eine andere. Informieren Sie sich auf der Website über den Zeitplan, der etwa einen Monat vor dem Startschuss der Tour veröffentlicht wird. Die besten Zuschauerplätze sind je nach Art der Etappe anders. Wenn der Tag ein Zeitfahren (Einzel oder Mannschaft) beinhaltet, können Sie an verschiedenen Orten zuschauen, da die Teilnehmenden immer auf der Strecke sind. Wenn der Tag ein Kriterium beinhaltet (viele Rundfahrten am selben Ort), versuchen Sie, sich in der Nähe der Ziellinie einzurichten. Bei Etappenrennen (Punkt-zu-Punkt) versammelt sich das Publikum um die Ziellinie. Wenn Sie sich ein Stück hinter die Ziellinie wagen, in die Nähe der Teamzone, können Sie die Fahrer aus nächster Nähe sehen.

Tipps:

+ **Wenn Sie Velorennfans in der Familie haben, ist die Tour de Suisse die richtige Veranstaltung für Sie! Wenn nicht, ist es trotzdem ein unglaublich cooles Abenteuer.**
+ **Benutzen Sie den öffentlichen Verkehr. Das Parkieren kann wegen den vielen Begleitfahrzeugen und Strassensperrungen schwierig sein.**
+ **Kreuzen Sie niemals den Weg der Teilnehmenden, um auf die andere Strassenseite zugelangen.**
+ **Kleine Kinder sollten einen Ohrenschutz tragen, da die Veranstaltung sehr laut ist!**
+ **Nehmen Sie Wasser und Snacks mit.**
+ **Die Toiletten sind nicht immer leicht zugänglich.**
+ **Die Veranstaltung findet bei jedem Wetter statt.**

BONTRAGER
DURA-ACE
BONTRAGER

Weitere Optionen:

- **Giro d'Italia im Mai** (giroditalia.it)
- **Tour de France im Juli** (letour.fr)
- **Tour de France der Frauen Ende Juli** (letourfemmes.fr)

KAPITEL IV

DIE REGENERIERENDE KRAFT DES MINIABENTEUERS

“

Abenteuer ist, etwas zu tun, was man noch nie getan hat – und es mit Begeisterung und Neugier zu tun; etwas Schwieriges mit Leidenschaft anzugehen.

”

ALASTAIR HUMPHREYS
SCHRIFTSTELLER, ABENTEURER, MOTIVATIONSREDNER

Den Luxus, ein grosses Abenteuer zu erleben, haben wir nicht jeden Tag. Hier kommt uns ein Miniabenteuer gerade recht. Miniabenteuer sollen uns ermutigen und lassen uns neue Möglichkeiten in der Nähe unseres Zuhauses erleben, ohne dass wir ein Vermögen ausgeben müssen. Sie mischen unseren Alltag auf, indem sie unsere Verbundenheit mit unserer Umgebung fördern. So wird das Leben ziemlich aufregend!

Die beste Zeit für ein Abenteuer ist jetzt! Im Winter, Frühling, Sommer oder Herbst warten unzählige Aktivitäten im Freien auf Sie. Wenn Sie ein Abenteuer erleben möchten, können Sie z. B. die frühen Morgenstunden vor Ihren alltäglichen Aufgaben nutzen. Es gibt nichts besseres, als den Tag mit einer aufregenden Aktivität zu beginnen, die Sie aus dem Bett treibt. Wenn Sie am Morgen wenig Zeit haben, sollten Sie eine Aktivität nach der Arbeit und/oder am Wochenende in Betracht ziehen. Heben Sie Abenteuer nicht nur für die Ferien auf. Ein unvergessliches Erlebnis kann jederzeit stattfinden, vor allem in der Schweiz!

Hier ist unsere Liste von Abenteuern, die jederzeit und überall erlebt werden können, da die meisten davon kostenlos sind!

- **Montieren Sie Ihre Stirnlampe und machen Sie sich bereit für eine Nachtwanderung in Ihrer Umgebung.**
- **Bewundern Sie den Sonnenaufgang von einem Berg, einer Brücke oder einem Aussichtspunkt in Ihrer Nähe.**
- **Machen Sie ein Lagerfeuer (wo es erlaubt ist) und grillieren Sie. Laden Sie Freunde ein und machen Sie sich einen schönen Nachmittag!**
- **Geniessen Sie einen warmen Sommerregenschauer.**
- **Schwimmen Sie in kaltem Wasser für ein unglaubliches Gefühl der Lebendigkeit.**
- **Geocaching in der eigenen Nachbarschaft birgt immer viele Geheimnisse.**
- **Besuchen Sie einen botanischen Garten in Ihrer Nähe und versuchen Sie, sich die Namen von drei Blumen zu merken, die Sie bisher noch nicht kannten.**
- **Besuchen Sie einen Bauernhof in Ihrer Nähe und sprechen Sie mit dem Landwirt oder der Landwirtin.**
- **Machen Sie es sich zur Aufgabe, die heimischen Pflanzen in Ihrem Garten bestimmen zu können.**
- **Wandern Sie bei Vollmond.**
- **Versuchen Sie, nachtaktive Tiere in einem Wald in Ihrer Nähe zu beobachten.**
- **Gehen Sie auf eine Kajak- oder Kanufahrt.**
- **Schwimmen Sie in einem Fluss oder einem anderen Gewässer in Ihrer Nähe.**

- Waldbaden: Sie brauchen keinen Experten, der Sie durch den Wald führt, suchen Sie sich einfach einen Ort, mit dem Sie vertraut sind, und achten Sie auf Ihren Atem, auf die Bäume um Sie herum und darauf, wie Sie sich fühlen. Achten Sie auf Ihren Herzschlag und wie entspannt oder angespannt Sie sind. Wenn Sie mehr wissen möchten, lesen Sie *Walking in the Woods* von Yoshifumi Miyazaki.
- Schlafen Sie unter freiem Himmel.
- Nehmen Sie Ihre Kamera und gehen Sie nach draussen. Ob in der Stadt oder in der Natur, nehmen Sie sich etwas als Thema (etwa Käfer, Pflanzen, Vögel, Blumen, Gebäude, Architektur, Farben, Formen etc.) und versuchen Sie, die Gegend in ganz neuem Licht zu sehen.
- Besuchen Sie einen Teil Ihres Wohnortes, in dem Sie bisher noch nie waren.
- Gehen Sie mit dem Trottinett, mit dem Velo oder zu Fuss zur Arbeit. Nehmen Sie einen Umweg anstelle des schnellsten Wegs.
- Schlafen Sie an einem aufregenden neuen Ort. Etwa in Ihrem Garten, auf Ihrem Balkon, auf einem Campingplatz, in einem Tiny House, am Strand, in einem Baumhaus, usw.
- Tun Sie etwas, das Sie normalerweise in einer anderen Jahreszeit tun würden!
- Besuchen Sie ein neues Museum oder eine besondere Ausstellung.
- Schreiben Sie eine Liste mit Dingen, die Sie noch nie gemacht haben. Fordern Sie sich selbst heraus, bis Sie jeden Punkt auf der Liste abhaken können.
- Geniessen Sie ein Picknick im Freien bei Kerzenlicht.
- Feiern Sie Geburtstag im Freien!
- Suchen Sie einen Bach in der Nähe und gehen Sie barfuss rein.
- Machen Sie Ihr Velo bereit und fahren Sie eine 50 km lange Velotour.
- Fahren Sie auf einen Pass in Ihrer Nähe. Unsere Top-Empfehlung ist der Grimselpass. Besuchen Sie den Rhonegletscher, wenn Sie dort sind.
- Spielen Sie! Als Erwachsene vernachlässigen wir oft das Spielen. Lassen Sie das nicht zu und seien Sie so neugierig, wie Sie es als Kind waren.
- Besuchen Sie eine lokale Abfallverbrennungsanlage oder ein Recyclingzentrum.
- Legen Sie einen Garten an, egal, wo Sie wohnen.
- Schnappen Sie sich ein Teleskop und beobachten Sie die Sterne wie nie zuvor. Wenn Sie Inspiration brauchen, besuchen Sie z.B. den Basler Astronomieverein (astronomie-basel.ch).
- Steigen Sie in einen Zug, ohne ein bestimmtes Ziel vor Augen zu haben.
- Nehmen Sie einen gut gepackten Rucksack, Ihre Wanderschuhe, eine Karte oder ein Handy mit und machen Sie es sich zur Aufgabe, den Tag auf Entdeckungstour zu gehen.
- Finden Sie Naturschutzgebiete in der Nähe Ihres Wohnortes. Erforschen Sie diese neuen Gebiete mit Freunden oder der Familie.

KAPITEL V

UNSERE LIEBLINGS-ABENTEUER

“

Die Sonne geht so oder so auf und unter. Es liegt an uns, was wir mit dem Licht machen, solange es da ist. Reise mit Bedacht.

”

ALEXANDRA ELLE
SCHRIFTSTELLERIN, PÄDAGOGIN,
PODCAST-MODERATORIN

Unsere Lieblingsabenteuer:

Unsere Lieblingsabenteuer im Wasser

Noah: Stand-up Paddle Boarding
Tessa: Wildwasser-Rafting
Robert: Gletscherwanderung
Melinda: Schwimmen im Rhein

Unsere Lieblingsabenteuer an Land

Noah: Die verschiedenen Parcours im Bike Park
Tessa: Mit dem Trotti den Berg hinunterfahren
Robert: Alle unsere unterirdischen Abenteuer
Melinda: Die Wanderung mit Übernachtung auf dem Faulhorn

Unsere Lieblingsabenteuer in der Luft

Noah: Zip Lines im Forest Fun Park in Zermatt
Tessa: Der Seilpark Balmberg war klasse!
Robert: Paragliding
Melinda: Paragliding. Einfach sprachlos!

Das Abenteuer, das am meisten Lust auf Mehr machte

Noah: Stand-up Paddle Boarding war super cool!
Tessa: Ich würde gerne mehr Wildwasser-Rafting machen.
Robert: Die Wanderung vom First zum Faulhorn
Melinda: Für mich wäre das der Nervenkitzel des Paraglidings!

Das Abenteuer, das uns am meisten Staunen liess

Noah: Einen wilden Steinbock zu sehen
Tessa: Meinen Eltern beim Paragliding zuzuschauen
Robert: Mountainbiken in den Alpen
Melinda: Den Sonnenaufgang auf dem Faulhorn zu bewundern. Was für Erlebnis!

Unser Abenteuerratschlag

Noah: Entdecke Neues!
Tessa: Es ist wichtig, Neues auszuprobieren.
Robert: Leben Sie für die Ungewissheit. Das Leben ist ein reines Abenteuer, haben Sie Mut!
Melinda: Am Ende bedauern wir nur das, was wir nicht getan haben.

Da bin ich an meine Grenzen gestossen

Noah: Beim Swin-Golf habe ich meinen Ball immer verloren.
Tessa: Das Abendessen im Restaurant die blindekuh.
Robert: Wetterumschlag auf einer Via Ferrata
Melinda: Zwei Worte ... Via Ferrata!

Lustige Momente

Noah: Die Velotour um den Murtensee: »Wir sind die Schnellen!«
Tessa: Wildwasser-Rafting mit unseren Freunden
Robert: Auf der Autobahn mit unserem Campervan
Melinda: Discgolf war einfach fantastisch!

Unser nächstes grosses Abenteuer

Noah: Ich will auch Gleitschirmfliegen!
Tessa: Eine Pferdetour bei Nacht!
Robert: Alles auf unserer To-do-Liste erledigen.
Melinda: Die Möglichkeiten sind endlos.

Nachwort:

An all die Abenteuer zurückzudenken, die zur Entstehung dieses Buches geführt haben, zaubert immer noch ein Lächeln auf unsere Lippen. Wir haben Neues gelernt, Orte erforscht und sind mehr als einmal an unsere Grenzen gestossen. Manchmal sind wir völlig erschöpft und sprachlos von unseren Ausflügen zurückkommen – und wenn wir darüber nachdenken, waren das eigentlich unsere schönsten Ausflüge. Wie immer erinnerte uns Mutter Natur daran, dass trotz unserer gründlichen Planung sie das Sagen hat.

All diese Erfahrungen haben uns nur noch mehr Respekt für die Natur und die Orte, die uns zu sich rufen, unsere Namen flüstern und uns bitten, zurückzukehren, spüren lassen. Während wir gehorsam diesem Ruf folgen, ist es jetzt vielleicht an der Zeit, durchzuatmen und darüber nachzudenken, was als nächstes kommt. Ganz gleich, wohin der Weg uns führen mag, unser Leben wurde durch all diese Abenteuer bereichert. Wir wissen, dass noch so viel mehr auf uns wartet.

Frischluftkinder Schweiz
52 Wanderungen, die Gross und Klein begeistern werden

ISBN: 978-2-940481-64-4

Frischluftkinder Schweiz
Hüttenabenteuer

ISBN: 978-3-907293-14-0

Winterkinder Schweiz
36 Familienabenteuer

ISBN: 978-3-907293-87-4

Folgen Sie den Autoren auf ihren aufregendsten Abenteuern:

@fresh_air_kids

Empfehlungen zu Orten, Erlebnissen und mehr finden Sie auf:

freshairkids.com